＼ 頭にしみこむ ／
メモリータイム！

寝る前5分
暗記ブック

中学実技

もくじ

もくじ 2
この本の特長と使い方 4

★ 音楽

1. 音楽の基礎：音名と階名 5
2. 音楽の基礎：音符と休符／拍子記号 7
3. 音楽の基礎：長調と短調 9
4. 音楽の基礎：曲の速度 11
5. 音楽の基礎：音の強弱 13
6. 歌唱：主人は冷たい土の中に／赤とんぼ 15
7. 歌唱：荒城の月／花 17
8. 歌唱：夏の思い出／花の街 19
9. 歌唱：浜辺の歌／早春賦 21
10. 歌唱：サンタ ルチア／帰れ ソレントへ 23
11. 鑑賞：春 25
12. 鑑賞：フーガ ト短調 27
13. 鑑賞：交響曲第5番 ハ短調 29
14. 鑑賞：魔王 31
15. 鑑賞：アイーダ 33
16. 鑑賞：ブルタバ(モルダウ) 35
17. 鑑賞：勧進帳 37
18. 鑑賞：平調 越天楽 39
19. 鑑賞：能／文楽 41
20. 鑑賞：六段の調／巣鶴鈴慕 43

★ 美術

1. 絵画①：スケッチ，水彩画 45
2. 絵画②：風景画，人物画 47
3. 版画 49
4. 彫刻①：表現方法と種類 51
5. 彫刻②：粘土の彫刻 53
6. 色彩①：三原色，三要素 55
7. 色彩②：配色など 57
8. 視覚伝達デザイン 59
9. いろいろなデザイン 61
10. 立体感のある構成 63
11. 工芸①：土でつくる 65
12. 工芸②：木でつくる 67
13. 日本の美術史① 69
14. 日本の美術史② 71
15. 世界の美術史① 73
16. 世界の美術史② 75

★ 保健体育

1. 体つくり運動 77
2. マット運動／鉄棒運動 79
3. 平均台運動／跳び箱運動 81
4. リレー／ハードル走 83
5. 走り幅跳び／走り高跳び 85

6. 水泳	87	7. 技術：穴あけ，折り曲げ	135
7. バスケットボール／ハンドボール／サッカー	89	8. 技術：組み立て	137
		9. 技術：エネルギーの変換と利用	139
8. バレーボール／卓球	91	10. 技術：動きを伝達するしくみ	141
9. バドミントン／ソフトテニス	93	11. 技術：保守点検	143
10. ソフトボール	95	12. 技術：生物を育てる	145
11. 柔道／剣道	97	13. 技術：栽培の基本	147
12. ダンス	99	14. 技術：野菜と草花の栽培	149
13. 体育理論	101	15. 技術：コンピュータ	151
14. 体の発育・発達①	103	16. 技術：ネットワーク	153
15. 体の発育・発達②	105	17. 家庭：食生活と栄養素	155
16. 心の発育・発達	107	18. 家庭：食品に含まれる栄養素	157
17. 環境と適応・調節	109	19. 家庭：食品の選び方	159
18. 環境の利用と保全	111	20. 家庭：調理	161
19. 傷害と事故	113	21. 家庭：食文化	163
20. 応急手当／きずの手当	115	22. 家庭：日常着の活用	165
21. 健康な生活／生活習慣病	117	23. 家庭：日常着の手入れ	167
22. 飲酒・喫煙／薬物乱用の防止	119	24. 家庭：住まい	169
23. 感染症・性感染症の予防	121	25. 家庭：幼児の発達	171
		26. 家庭：消費生活	173

★ 技術・家庭

1. 技術：材料選び	123
2. 技術：金属，プラスチック	125
3. 技術：じょうぶな構造	127
4. 技術：構想図（製作図）	129
5. 技術：材料の準備とけがき	131
6. 技術：材料の加工	133

この本の特長と使い方

★ この本の特長

暗記に最も適した時間「寝る前」で、効率よく暗記！

　この本は、「寝る前の暗記が記憶の定着をうながす」というメソッドをもとにして、中学実技の重要なところだけを集めた参考書です。

　暗記に最適な時間を上手に活用して、実技の重要ポイントを効率よくおぼえましょう。

★ この本の使い方

　この本は、1項目2ページの構成になっていて、5分間で手軽に読めるようにまとめてあります。赤フィルターを使って、赤文字の要点をチェックしてみましょう。

① 1ページ目の「今夜おぼえること」では、その項目の重要ポイントを、ゴロ合わせや図解でわかりやすくまとめてあります。

② 2ページ目の「今夜のおさらい」では、1ページ目の内容をやさしい文章でくわしく説明しています。読み終えたら、「寝る前にもう一度」で重要ポイントをもう一度確認しましょう。

1. 音楽の基礎：音名と階名

□ 月 日
□ 月 日

★ 今夜おぼえること

☆ 音の呼び方,「ハニホヘトイロ」は音名。

音名は1音に1つずつついている名前。ピアノの真ん中の「ハ」の音を「ハ」(一点ハ)と呼ぶよ。

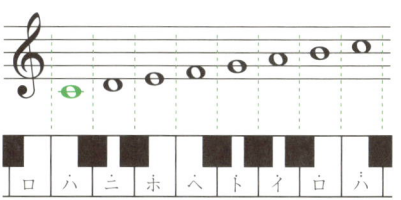

☽ 音の呼び方,「ドレミファソラシ」は階名。

階段状に並んだ音の高さを表すのが階名。調が変わると,「ド」の位置が移動するよ。

「調」→9ページ

長調の音階は「ド」から始まるよ。

★ 今夜のおさらい

☆ 「ハニホヘトイロ」という音の呼び方を 音名 と
いいます。1音に1つずつつく固有の呼び方で、
絶対的な音の高さを表します。

☽ 「ドレミファソラシ」という音の呼び方を 階名 と
いい、調によって「ド」の位置が移動します。
長調の主音（音階の最初の音）は「ド」なので、
ト長調は「ト」の音が「ド」になります。短調は主音
が「ラ」になるので、ホ短調は「ホ」が「ラ」になります。

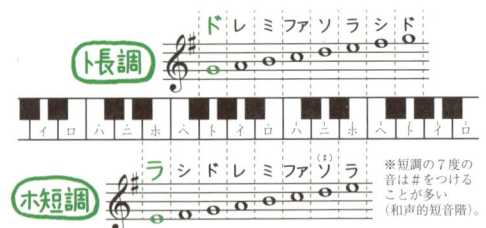

※短調の7度の
音は♯をつける
ことが多い
（和声的短音階）。

💤 寝る前にもう一度

- ☆ 音の呼び方、「ハニホヘトイロ」は音名。
- ☽ 音の呼び方、「ドレミファソラシ」は階名。

2. 音楽の基礎：音符と休符／拍子記号

★今夜おぼえること

☆付点（．）がつくと，1.5倍の長さに！ ♩. ＝ ♩ ＋ ♪

音符の長さは**全音符**（○）を，休符の長さは**全休符**（－）を基準にしているよ。音符のたまの右横につく点が**付点**。付点音符はもとの音符の1.5倍の長さになるよ。

♩は○の4分の1だから，「4分音符」と呼ぶよ。

付点2分音符は2分音符の1.5倍の長さ。

3拍のばす

☽拍子記号，下は基準の音符，上は音符（拍）の個数を表す。

拍子記号は，おもに楽譜の最初に示すよ。

数学の分数とは違うものだけど読み方は同じ。

「4分の4拍子」と読む。

★ 今夜のおさらい

✿ 音符は音の高さや長さを，休符は音を出さない長さを表します。

音符	名前	休符	名前	長さの割合（全音符・全休符が基準）
o	全音符	ー	全休符	
♩.	付点2分音符	ー.	付点2分休符	
♩	2分音符	ー	2分休符	o（ー）の $\frac{1}{2}$
♩.	付点4分音符	𝄽	付点4分休符	
♩	4分音符	𝄽	4分休符	o（ー）の $\frac{1}{4}$
♪	8分音符	𝄾	8分休符	o（ー）の $\frac{1}{8}$
♬	16分音符	𝄿	16分休符	o（ー）の $\frac{1}{16}$

また，ある音符の長さを3等分にした 3連符 もあります。

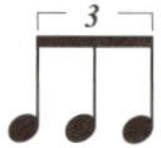

♫♫♫ = ♩(4分音符)を3等分

🌙 その曲の基本のリズムを表すのが 拍子 。拍子記号の下の数は 1拍と数える基準にする 音符 を，上の数は1小節に入る音符(拍)の 個数 を表します。

$\frac{2}{4}$ ← 2こ
　　　 ← 4分音符が

$\frac{3}{4}$ ← 3こ
　　　 ← 4分音符が

$\frac{4}{4}$ ← 4こ
　　　 ← 4分音符が

$\frac{6}{8}$ ← 6こ
　　　 ← 8分音符が

音符は上の表で確認しよう。

💤 寝る前にもう一度

✿ 付点（.）がつくと，1.5倍の長さに！ ♩. = ♩ + ♪
🌙 拍子記号，下は基準の音符，上は音符の個数を表す。

3. 音楽の基礎：長調と短調

★今夜おぼえること

✨明るい長調，#(シャープ)なしのハ，#1個のト，♭(フラット)1個のヘ。

長調の音階（音を階段状に並べたもの）は，主音を「ド」として，ドから始まります。主音が「ハ」の位置なら，「ハ長調」です。

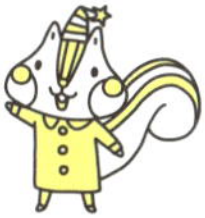

🌙暗い短調，#なしのイ，♭1個のニ，♭2個のト。

※半音上げることが多い，短調の音階の7度の音は(#)で示している（和声的短音階）。

短調の音階は，主音を「ラ」として，ラから始まります。主音が「イ」の位置なら，「イ短調」です。

★ 今夜のおさらい

🌠 その曲の中心となる音（主音）が何の音かを表すのが「調」です。明るい感じの長調の主音は「ド」です。

〈おもな長調の調号と主音〉

その曲が何調かは、楽譜のはじめに調号で表すよ。

調号…𝄞などの右の♯や♭。

🌙 暗い感じのする短調の主音は「ラ」です。

〈おもな短調の調号と主音〉

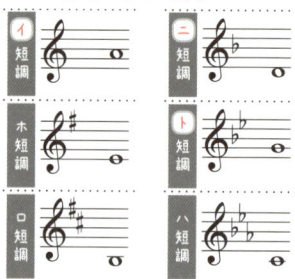

💤 寝る前にもう一度

- 🌠 明るい長調，♯なしのハ，♯1個のト，♭1個のヘ。
- 🌙 暗い短調，♯なしのイ，♭1個のニ，♭2個のト。

4. 音楽の基礎：曲の速度

★今夜おぼえること

★★ 【ゴロ合わせ】**あれ、速い！**
(Allegro／アレグロ)

だあんだん ゆっくりに。
(Andante／アンダンテ)

ラルゴ　　アンダンテ　　モデラート　　アレグレット　　アレグロ
Largo　　Andante　　Moderato　　Allegretto　　Allegro

のろのろ…　　てくてく　　スタスタ　　　　　　　ダッシュ！

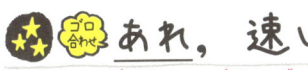

曲の速さは, ♩=80（1分間に♩〈4分音符〉を80打つ速さ）のように, 具体的に数字で示すこともあるよ。

🌙 【ゴロ合わせ】**遅くてタルいな, あっちは**
(rit.／リタルダンド)　　　(accel.／アッチェレランド)

速くて,

テンポは
(a tempo／ア テンポ)

もとに。

★ 今夜のおさらい

🌟 曲を演奏する速さは、ふつう楽譜の最初に書かれています。曲の速さは、イタリア語の単語や、〈音符＝数字〉のような形で指示します。

〈速度に関する用語〉

Largo	ラルゴ	幅広く緩やかに
Adagio	アダージョ	緩やかに
Lento	レント	緩やかに
Andante	アンダンテ	ゆっくり歩くような速さで
Moderato	モデラート	中ぐらいの速さで
Allegretto	アレグレット	やや速く
Allegro	アレグロ	速く
Presto	プレスト	急速に
♩=60〜66		1分間に♩を60〜66打つ速さ

🌙 曲の途中で速度を変化させる場合は、下のような記号を使って指示します。

ritardando (*rit.*)	リタルダンド	だんだん遅く
accelerando (*accel.*)	アッチェレランド	だんだん速く
a tempo	ア テンポ	もとの速さで

accel. は、車の「アクセル」と同じ語源！

💤 寝る前にもう一度

🌟 あれ、速い！ だあんだん ゆっくりに。
🌙 遅くてタルいな、あっちは速くて、テンポはもとに。

5. 音楽の基礎：音の強弱

☐ 月 日
☐ 月 日

★ 今夜おぼえること

🌟 **とっても弱い*pp*（ピアニッシモ），**

とっても強い*ff*（フォルティッシモ）。

ピアニッシモ　ピアノ　メッゾピアノ　メッゾフォルテ　フォルテ　フォルティッシモ
$pp < p < mp < mf < f < ff$

音の強弱は上のように表すよ。
読み方も覚えておこうね。

🌙 **「だんだん強く」はクレシェンド，**

「だんだん弱く」はデクレシェンド。

クレシェンド

デクレシェンド

13

★ 今夜のおさらい

🌼 音の強弱は、次のような記号を使って指示します。

〈音の強弱に関する記号〉

pp	ピアニッシモ	とても弱く
p	ピアノ	弱く
mp	メッゾ ピアノ	少し弱く
mf	メッゾ フォルテ	少し強く
f	フォルテ	強く
ff	フォルティッシモ	とても強く

🌙 音の強弱の変化は、次のような記号を使って指示します。また、演奏の仕方に関する記号もあわせて確認しましょう。

＜ *cresc.*	クレシェンド	だんだん強く
＞ *decresc.*	デクレシェンド	だんだん弱く
dim.	ディミヌエンド	だんだん弱く
legato	レガート	滑(なめ)らかに
♩	テヌート	その音の長さをじゅうぶんに保って
◠	フェルマータ	その音符(おんぷ)(休符(きゅうふ))をほどよく延ばす

💤 寝る前にもう一度

- 🌼 とても弱い *pp*，とても強い *ff*。
- 🌙 「だんだん強く」はクレシェンド、「だんだん弱く」はデクレシェンド。

6. 歌唱：主人は冷たい土の中に／赤とんぼ

★ 今夜おぼえること

🌟「主人は冷たい土の中に」
作曲者フォスターはアメリカ出身。

フォスターは，19世紀にアメリカで生まれたよ。「おおスザンナ」「草競馬」などの作品も有名。

S. C. フォスター (1826～1864)

🌙「赤とんぼ」，作詞は三木露風，
作曲は山田耕筰。

4分の3拍子の歌。
作曲者の山田耕筰は，大正～昭和にかけて日本の音楽の発展に努めたよ。

山田耕筰は「荒城の月」（17ページ）の編曲もしているよ。

★今夜のおさらい

☆「主人は冷たい土の中に」の作曲者は フォスター で，アメリカ 出身です。4分の4 拍子の曲です。この曲は，主人の死を悲しむ人々の姿に感動して作曲されたといわれています。

武井君子 日本語詞／S.C.フォスター 作曲

🌙「赤とんぼ」の作詞者は 三木露風 ，作曲者は 山田耕筰 です。4分の3 拍子の曲。1番の歌詞の「負われて見た」は「背負われて見た」という意味。

三木露風 作詞／山田耕筰 作曲

💤 寝る前にもう一度

☆「主人は冷たい土の中に」作曲者フォスターはアメリカ出身。
🌙「赤とんぼ」，作詞は三木露風，作曲は山田耕筰。

7. 歌唱：荒城の月／花

★ 今夜おぼえること

★★ 「荒城の月」、作詞は土井晩翠、作曲は滝廉太郎。

4分の4拍子の歌。作曲者は滝廉太郎。七五調や文語体の歌詞も特徴のひとつ。

「花の宴」は花見の宴会という意味だよ。

☽ 春のうららの「花」。作詞は武島羽衣、作曲は滝廉太郎。

4分の2拍子の合唱曲。東京・隅田川の春の美しい様子を歌ったものだよ。

同声二部合唱の歌で、上声部と下声部に分かれて歌うよ。

★ 今夜のおさらい

★ 「荒城の月」の作詞者は 土井晩翠 、作曲者は 滝廉太郎 です。 4分の4 拍子の曲です。荒れた城跡を見ながら、かつて月明かりで花見の宴会をしていた人々などに思いをはせた内容です。1番の「千代の松が枝」は「古い松の枝」という意味。

🌙 「花」の作詞者は 武島羽衣 、作曲者は 滝廉太郎 です。 4分の2 拍子の曲。歌詞の「何にたとうべき」は「何にたとえればよいのだろう」という意味です。

💤 寝る前にもう一度

★ 「荒城の月」、作詞は土井晩翠、作曲は滝廉太郎。
🌙 春のうららの「花」。作詞は武島羽衣、作曲は滝廉太郎。

8. 歌唱：夏の思い出／花の街

★今夜おぼえること

☆「夏の思い出」の作詞は江間(えましょうこ)章子，作曲は中田(なかだよしなお)喜直。

美しい湿原(しつげん)地帯である，尾瀬(ぜ)の風景を描(お)いた歌。4分の4拍子(びょうし)。3度の音程のハーモニーが美しいよ。

☽「花の街」，作詞は江間(えましょうこ)章子，作曲は團(だんいくま)伊玖磨。

4分の2拍子の歌。第二次世界大戦が終わった2年後の1947年(昭和22年)に作られたよ。作詞者の思い描いた，美しく平和な「花の街」を歌ったよ。

戦争や平和についての作詞者の思いを感じ取ろう。

★ 今夜のおさらい

☆「夏の思い出」の作詞者は 江間章子，作曲者は 中田喜直 です。 4分の4 拍子，弱起（1拍め以外から始まる）の曲。尾瀬の美しい情景を懐かしく思い出すという内容です。

江間章子 作詞／中田喜直 作曲

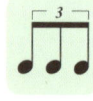

左は4分音符（♩）を3等分した3連符。
1番の2回めの「咲いている」の部分に出てくるよ。

🌙「花の街」の作詞者は 江間章子，作曲者は 團伊玖磨 です。 4分の2 拍子の曲です。
3番の「泣いていたよ　街の角で」は，戦争で苦しんだり悲しんだりしていた人々の姿を映したもの。

江間章子 作詞／團伊玖磨 作曲

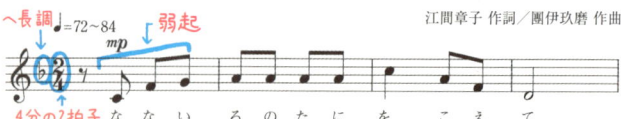

💤 寝る前にもう一度

- ☆「夏の思い出」の作詞は江間章子，作曲は中田喜直。
- 🌙「花の街」，作詞は江間章子，作曲は團伊玖磨。

9. 歌唱:浜辺の歌／早春賦

★今夜おぼえること

✪昔懐かし「浜辺の歌」。
林古溪作詞,成田為三作曲。

曲は2つの大きなまとまりからなる二部形式。8分の6拍子の歌。浜辺を散歩すると,昔のことが思い出されるという内容。

☾春待ち望む詩「早春賦」。
作詞吉丸一昌,作曲中田章。

二部形式,8分の6拍子の歌。本格的な春が来るのを待ちわびる気持ちを歌っているよ。

★今夜のおさらい

「浜辺の歌」の作詞者は林古溪，作曲者は成田為三です。8分の6拍子，弱起の曲です。冒頭の歌詞，「あしたはまべを」の「あした」は「朝」という意味です。

林古溪 作詞／成田為三 作曲

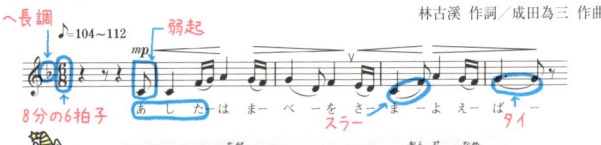

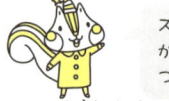

スラーは「違う高さの2つ以上の音符を滑らかに」。タイ（隣り合った同じ高さの音符をつなぎ，1つの音に）と区別しようね。

「早春賦」の作詞者は吉丸一昌，作曲者は中田章です。8分の6拍子，弱起の曲です。1番の「時にあらずと」は「まだそのときではないと」，2番の「角ぐむ」は「芽が出始める」という意味です。

吉丸一昌 作詞／中田章 作曲

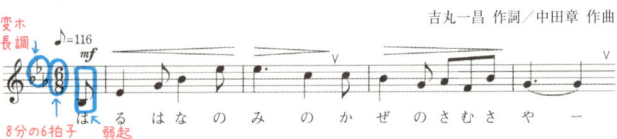

寝る前にもう一度

- 昔懐かし「浜辺の歌」。林古溪作詞，成田為三作曲。
- 春待ち望む詩「早春賦」。作詞吉丸一昌，作曲中田章。

10. 歌唱：サンタ ルチア／帰れソレントへ

★今夜おぼえること

✪月夜に船出,「サンタ ルチア」はカンツォーネ。

イタリアの民謡や大衆歌をカンツォーネと呼ぶよ。サンタ ルチア（聖ルチア）はナポリの船乗りたちの航海を守る守護聖女のこと。

音楽

☾「帰れソレントへ」→ 短調から長調へ転調。

短調の曲だけど，途中で転調して長調に。

ソレントを去った恋人に，戻って！と歌っているんだ。

★今夜のおさらい

「サンタ ルチア」は、カンツォーネと呼ばれるイタリア・ナポリの民謡です。調は変ロ長調、8分の3拍子の曲です。月の美しい夜に船出をする様子を歌っています。

ナポリ民謡／小松清 日本語詞

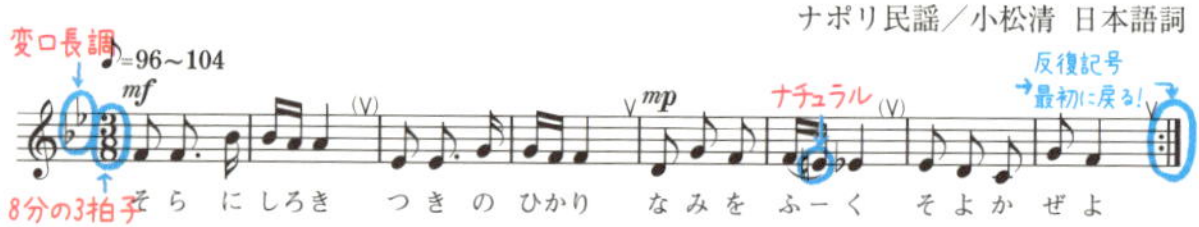

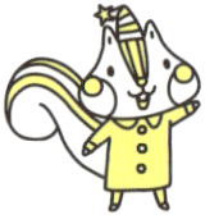

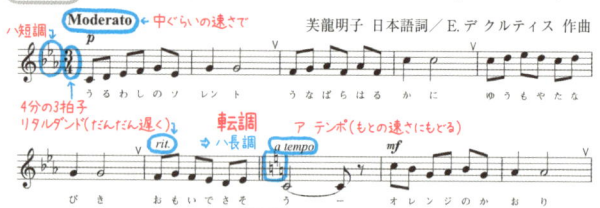

ナチュラルは「もとの高さに戻す」，フェルマータ（𝄐）は「その音符（休符）をほどよく延ばす」という意味。

「帰れソレントへ」はE.デ クルティス作曲のカンツォーネです。曲の途中で、短調から長調に転調（曲の途中で調が変わること）します。

芙龍明子 日本語詞／E.デ クルティス 作曲

寝る前にもう一度

- 月夜に船出，「サンタ ルチア」はカンツォーネ。
- 「帰れソレントへ」→短調から長調へ転調。

11. 鑑賞：春

★ 今夜おぼえること

☆☆☆ 【ゴロ合わせ】ビバ, イタリア！ 小鳥たちが
（ヴィヴァルディ）

春を歌で歓迎。

「春」の作曲者ヴィヴァルディはイタリア生まれ。
「春」はソネットという形式の詩の内容を表現したものだよ。

▲ヴィヴァルディ (1678 ～ 1741)

🌙「春」は弦楽器＋チェンバロのヴァイオリン協奏曲。

「春」はヴァイオリンの独奏とその他の弦楽器と通奏低音（チェンバロが多い）で演奏されるよ。協奏曲はコンチェルトともいうよ。

★ 今夜のおさらい

☆「春」は，イタリアのヴィヴァルディが作曲しました。曲集「和声と創意の試み」第１集「四季」の中の１曲です。「四季」は「春」「夏」「秋」「冬」の４曲からなり，みな３楽章から構成されています。ソネットと呼ばれる１４行の形式の詩の内容を表現しています。

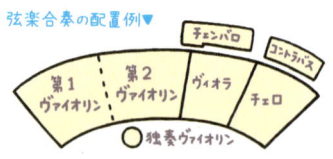

▲「春が来た」という詩の部分を音楽で表した部分。

☽ 協奏曲とは，メインの独奏楽器と，その他の複数の楽器との合奏曲のこと。「四季」はヴァイオリンの独奏とその他の弦楽器などで演奏されます。チェンバロが通奏低音としてよく使われます。

弦楽合奏の配置例▼

テオルボが加わることもあるよ。

💤 寝る前にもう一度

- ☆ ビバ，イタリア！ 小鳥たちが春を歌で歓迎。
- ☽「春」は弦楽器＋チェンバロのヴァイオリン協奏曲。

12. 鑑賞：フーガ ト短調

★ 今夜おぼえること

🌟「フーガ ト短調」の作曲者はドイツの J. S. バッハ。

「フーガ ト短調」を作ったJ. S. バッハはドイツ生まれ。バロック音楽の代表的作曲家。数多くの曲を作曲し，「音楽の父」と呼ばれるよ。

▲ J. S. バッハ (1685～1750)

🌙「フーガ ト短調」はパイプオルガンの独奏。

重厚な音色が特徴のパイプオルガンは大小さまざまなパイプに空気を送って音を出す鍵盤楽器。

★ 今夜のおさらい

🌟 「フーガ ト短調」は、 ドイツ の作曲家 J.S. バッハ によって作られました。フーガは音楽の形式のひとつで、はじめに出てきたメロディー(主題)を追いかけるように複数のパート(声部)が重なり合っていくのが特徴です。

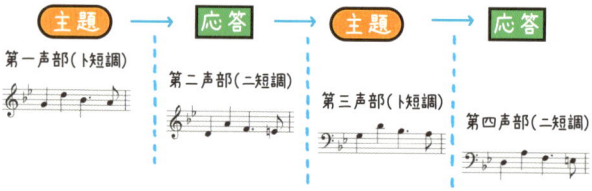

「小フーガ」とも呼ばれる、「フーガ ト短調」は4つの声部から構成。フーガの主題の調を変えてまねるように演奏され、主題に対応して現れる部分を「応答」というよ。

🌙 「フーガ ト短調」の演奏形態は、 パイプオルガン による独奏です。パイプオルガンはパイプに空気を送って音を出す鍵盤楽器。手鍵盤と足鍵盤で演奏します。

💤 寝る前にもう一度
- 🌟 「フーガ ト短調」の作曲者はドイツのJ. S. バッハ。
- 🌙 「フーガ ト短調」はパイプオルガンの独奏。

13. 鑑賞：交響曲第5番 ハ短調

★ 今夜おぼえること

✨ ジャジャジャジャーン！の「交響曲第5番 ハ短調」。ドイツのベートーヴェンが作曲。

「交響曲第5番 ハ短調」を作ったベートーヴェンはドイツ生まれ。古典派からロマン派の時代にかけて活躍したよ。

◀ L.v.ベートーヴェン (1770～1827)

🌙「交響曲第5番 ハ短調」は管弦楽(オーケストラ)で演奏。

▶ 管弦楽の楽器配置例

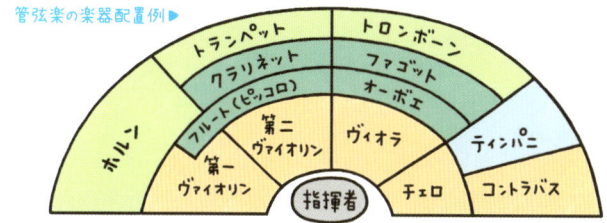

★ 今夜のおさらい

🌠「交響曲第5番 ハ短調」は，ドイツの作曲家ベートーヴェンが作りました。交響曲とは，ふつう4つの楽章からなる管弦楽曲です。「交響曲第5番」は4楽章からなり，第1楽章はソナタ形式。第1楽章の出だしの動機（曲を構成する最も短いまとまり）が有名です。

〈ソナタ形式とは〉
提示部（主題を示す）
↓
展開部（主題が変化）
↓
再現部（また現れる）
↓
コーダ（しめくくり）

〈提示部 第1主題に出てくる動機〉

これが動機

🌙交響曲は，管弦楽（オーケストラ）によって演奏される曲です。木管楽器，金管楽器，弦楽器，打楽器で構成されます。

木管楽器…フルート，クラリネットなど
金管楽器…トランペット，ホルンなど
弦楽器…ヴァイオリン，チェロ，ハープなど
打楽器…ティンパニ，シンバルなど

楽器も確認！

💤 寝る前にもう一度

🌠ジャジャジャジャーン！の「交響曲第5番 ハ短調」。ドイツのベートーヴェンが作曲。
🌙「交響曲第5番 ハ短調」は管弦楽（オーケストラ）で演奏。

14. 鑑賞：魔王

★今夜おぼえること

✨お父さん，こわい！！の「魔王」。作曲はオーストリアのシューベルト。

シューベルトはオーストリア生まれ。ロマン派の作曲家。「魔王」はシューベルトが18歳のときの作品。

F. P. シューベルト (1797〜1828) ▶

🌙「魔王」はピアノ伴奏つきの独唱曲。1人4役。

★今夜のおさらい

☆「魔王」は,　オーストリア　の　シューベルト　が作曲したドイツ語の歌曲（　リート　）で,ドイツの文学者　ゲーテ　の詩に曲をつけたものです。

◀ J.W.v. ゲーテ

☽「魔王」はピアノの伴奏にあわせて,1人で歌います（　独唱　）。1人の歌手が語り手,父,子,魔王を歌い分けます。子の旋律で,徐々に高くなっていく部分はおびえの高まりを表しています。また,魔王は,はじめは優しく子を誘いますが,最後は本性を表して激しい歌い方になります。

ピアノ伴奏の上段の3連符は,馬が走る様子を表すよ。

💤 寝る前にもう一度

☆ お父さん,こわい!!の「魔王」。作曲はオーストリアのシューベルト。
☽「魔王」はピアノ伴奏つきの独唱曲。1人4役。

15. 鑑賞：アイーダ

★今夜おぼえること

✪オペラ「アイーダ」はイタリアのヴェルディ作曲。

ヴェルディはイタリア生まれだよ。ロマン派音楽の作曲家なんだ。「アイーダ」は第2幕第2場の「凱旋行進曲」が有名。

サッカーの応援歌としてもよく歌われるよね。

▲ G. ヴェルディ (1813～1901)

☾「アイーダ」は全4幕，舞台は古代エジプト。

オペラは，歌手が役を演じるよ。主人公のアイーダは，女声の高音パートであるソプラノが演じるんだ。

★ 今夜のおさらい

☆☆ 「アイーダ」は，イタリアのヴェルディが作曲したオペラです。オペラは，歌を中心に物語が進んでいく音楽劇です。

▲第2幕第2場「凱旋行進曲」のトランペットのパート

🌙 「アイーダ」は，4幕で構成され，古代エジプトが舞台です。主人公アイーダはソプラノが演じます。エジプトの将軍ラダメスと敵国エチオピア王女アイーダとの悲恋を描いた物語です。

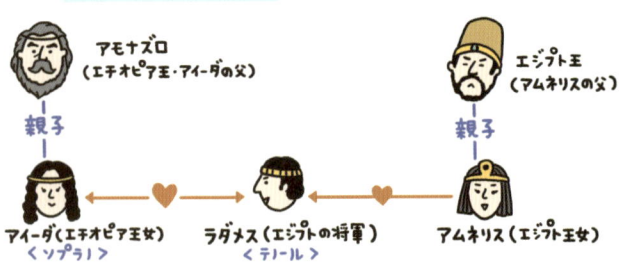

▲「アイーダ」のおもな登場人物

💤 寝る前にもう一度

- ☆☆ オペラ「アイーダ」はイタリアのヴェルディ作曲。
- 🌙 「アイーダ」は全4幕，舞台は古代エジプト。

16. 鑑賞：ブルタバ（モルダウ）

★ 今夜おぼえること

✪ 国思うチェコのスメタナは「ブルタバ（モルダウ）」を作曲。

スメタナは現在のチェコ生まれ。国民楽派の作曲家だよ。19世紀のチェコはオーストリアの支配下にあり，独立を目指していた。スメタナはこの願いを音楽に託したよ。

▲ B. スメタナ (1824〜1884)

☾ ブルタバの主題→輝きながら川幅を増す様子をヴァイオリンで表現。

(ブルタバの主題)…ブルタバを表す旋律「光輝きながら川幅を増す」

★ 今夜のおさらい

☆「ブルタバ（モルダウ）」は，チェコを代表する作曲家スメタナによって作られ，連作交響詩（物語や情景を管弦楽で表現する音楽）「我が祖国」全6曲の中の第2曲です。ブルタバはチェコを流れる川の名前で，ドイツ語ではモルダウと呼ばれます。

☾「ブルタバ」では，標題（曲の説明）で示した内容を，さまざまな楽器で表現しています。

ブルタバの2つの源流	フルート，クラリネット
主題（ブルタバを表す旋律）	ヴァイオリン
森の狩猟	ホルン
月の光，水の精の踊り	フルート，ヴァイオリン

2つの源流をフルート(上)とクラリネット(下)で表現している

💤 寝る前にもう一度

☆ 国思うチェコのスメタナは「ブルタバ（モルダウ）」を作曲。
☾ ブルタバの主題→輝きながら川幅を増す様子をヴァイオリンで表現。

17. 鑑賞：勧進帳（かんじんちょう）

☐ 月　日
☐ 月　日

★ 今夜おぼえること

😊⭐⭐ 長唄（ながうた）「勧進帳（かんじんちょう）」の作曲者は四世杵屋六三郎（きねやろくさぶろう）。

歌舞伎（かぶき）は江戸（えど）時代に発展した，音楽・舞踊・演技などが一体となった総合芸術。「勧進帳」は，歌舞伎の演目のひとつだよ。

▲武蔵坊弁慶（むさしぼうべんけい）

🌙（ゴロ合わせ） 長唄（ながうた）を 林で 歌って くしゃみ。
　　　　　　　　　　（囃子）　（唄）　　（三味線）

長唄は，歌舞伎の音楽として発展した三味線音楽（しゃみせんおんがく）のひとつ。長唄は，唄方（うたかた）・三味線方（しゃみせんかた）・囃子方（はやしかた）によって演奏されるよ。

唄
三味線
囃子
締太鼓　大鼓　小鼓　笛

★ 今夜のおさらい

☪ 「勧進帳」は，江戸時代に発展した，歌舞伎の演目のひとつ。長唄「勧進帳」は四世杵屋六三郎が作曲しました。
兄から追われた源義経が武蔵坊弁慶らとともに奥州平泉へ向かう途中，安宅の関での出来事を描いた物語です。

▲富樫　VS　▲弁慶　▲義経

🌙 歌舞伎は，江戸時代の「かぶき踊」が起源。歌舞伎で演奏される音楽には，長唄や義太夫節のような三味線音楽，演出のための下座音楽などがあります。長唄で使う三味線は細棹という種類です。囃子を構成する楽器は，笛（能管），小鼓，大鼓，締太鼓です。

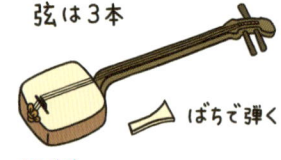

弦は3本　ばちで弾く
▲三味線

💤 寝る前にもう一度
- ☪ 長唄「勧進帳」の作曲者は四世杵屋六三郎。
- 🌙 長唄を林で歌ってくしゃみ。

18. 鑑賞：平調「越天楽」

★今夜おぼえること

✪中国・朝鮮半島などからの伝来音楽＋日本古来の音楽 → 雅楽

雅楽は，器楽演奏の管絃，舞踊が主の舞楽などに演奏形態が分けられるよ。今のような形に整ったのは10世紀ごろで，宮中や寺院などで演奏されてきたよ。

☾「越天楽」は竜笛からスタート！ 主旋律は篳篥の担当。

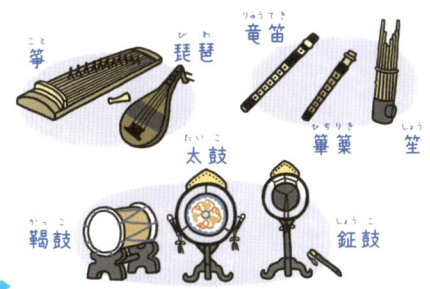

雅楽では，管楽器が旋律を演奏。箏は楽箏，琵琶は楽琵琶ともいうよ。

箏　琵琶　竜笛　篳篥　笙　太鼓　鞨鼓　鉦鼓

◀ 管絃で使われる楽器 ▶

★ 今夜のおさらい

🌟 雅楽(ががく)は5～9世紀ごろに中国や朝鮮半島などから伝来した音楽や，日本古来の儀式用の音楽などが，10世紀ごろに現在の形に整えられたものです。

> 10世紀ごろというと，平安時代(へいあん)だね。

🌙 「越天楽(えてんらく)」は，雅楽の管絃(かんげん)(舞を伴わない器楽の演奏)の代表的な曲。曲は竜笛(りゅうてき)から始まり，ほかの楽器が順に加わっていきます。旋律は篳篥(ひちりき)が演奏し，鞨鼓(かっこ)が速度を決めるなど，指揮者の役目をします。

① 竜笛(りゅうてき)
② 打楽器(鞨鼓(かっこ)・鉦鼓(しょうこ)・太鼓(たいこ))
③ 笙(しょう)
④ 篳篥(ひちりき)
⑤ 琵琶(びわ)
⑥ 箏(こと)

▲「越天楽」の楽器の参加順序

> 日本の伝統音楽に見られる，演奏が進むにつれてテンポが速くなる構成を序破急(じょはきゅう)というよ。

💤 寝る前にもう一度

🌟 中国・朝鮮半島などからの伝来音楽＋日本古来の音楽→雅楽
🌙 「越天楽」は竜笛からスタート！ 主旋律は篳篥の担当。

19. 鑑賞：能／文楽

★今夜おぼえること

☆能→観阿弥・世阿弥親子によって，室町時代に発展。

能は，謡と呼ばれる声楽によって物語が進行する。囃子方が伴奏を担当するよ。

☽文楽の音楽，太夫熱唱！義太夫節。

文楽は，江戸時代に発展した日本の伝統的な人形劇。義太夫節は太夫の語りと三味線の演奏による音楽で，三味線の伴奏にあわせて太夫がせりふや心情，場面の様子を語っていくよ。

★今夜のおさらい

🌟 能は，室町時代に観阿弥・世阿弥親子によって基礎がつくられました。音楽と舞踊が組み合わさった日本の伝統的な演劇です。

〈能の音楽〉

謡（声楽）	シテやワキ（演者）…せりふや歌 地謡…情景や主人公の心理
囃子	笛（能管），小鼓，大鼓，太鼓：間を支える

🌙 文楽（人形浄瑠璃）は，江戸時代に発展した日本の伝統的な人形劇です。竹本義太夫が始めた，太夫と三味線による音楽を義太夫節といい，それにあわせて人形を動かします。

〈義太夫節〉

太夫	人物のせりふ，心情，場面描写を1人で語り分ける。
三味線	人物の心情や場面を表現。三味線は太棹を使用。

三味線は，棹の太さの違う太棹，中棹，細棹の3種類。太棹は棹が太く，胴も大きいよ。

💤 寝る前にもう一度

🌟 能→観阿弥・世阿弥親子によって，室町時代に発展。
🌙 文楽の音楽，太夫熱唱！ 義太夫節。

20. 鑑賞：六段の調／巣鶴鈴慕

★今夜おぼえること

☆ **箏**の独奏曲「**六段の調**」は**八橋検校**作曲。

八橋検校は、**平調子**という調弦や、**段物**（歌の入らない器楽曲の形式）など、現在の箏曲の基礎をつくった人だよ。

☽「**巣鶴鈴慕**」は、**尺八**の独奏曲。

尺八は、日本古来の竹製の縦笛。「巣鶴鈴慕」は鶴の親子の情愛や別れを表現した曲といわれているよ。

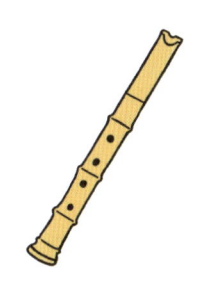

音楽

★今夜のおさらい

☾「六段の調」は、箏の独奏曲で、作曲者の八橋検校は平調子という調弦などを作った人です。「六段の調」は、段物(歌の入らない器楽曲)という形式で、6つの段から成ります。各段の長さは原則104拍(はく)ですが、初段にはそれに加えて、4拍の導入部があります。また、段が進むにつれて速度が増す序破急(じょはきゅう)という変化も見られます。

〈「六段の調」に見られる奏法〉

引き色	左手で弦をつまんで柱の方に引いて、音高を下げる。
後押し	左手で弦を押して、音高を上げる。

▲引き色
▲後押し

☾「巣鶴鈴慕」は、尺八の独奏曲で、「鶴の巣籠(すごもり)」とも呼ばれます。尺八は、あごの使い方、息づかい、指の操作によって、独特の音色や表現が生まれます。

寝る前にもう一度

☾箏の独奏曲「六段の調」は八橋検校作曲。
☾「巣鶴鈴慕」は、尺八の独奏曲。

1. 絵画①：スケッチ，水彩画

★今夜おぼえること

☆スケッチは，描こうとするものの形や色を大まかに表現。

スケッチでは，細かい部分まで描きこむ必要はないよ。作品の下絵やアイデアをまとめるために，大まかに描こう。

☽水彩絵の具は，透ける透明水彩，透けない不透明水彩。

〈透明水彩絵の具〉　〈不透明水彩絵の具〉

水彩絵の具を使って描いた絵を水彩画というよ。

★ 今夜のおさらい

🌟 短時間で描こうとするものの <mark>形や色</mark> などを <mark>大まかに</mark> 表現するのが <mark>スケッチ</mark> です。おもに単色で描き，線や明暗の調子などで表現したものは <mark>デッサン</mark> といいます。<mark>形や質感</mark> などを <mark>細かく</mark> 表現します。

立方体でデッサンのポイントを説明するよ。

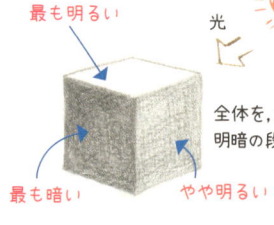

最も明るい
光
最も暗い
やや明るい

全体を，大きく3つの明暗の段階に分ける。

🌙 透明水彩絵の具は，水の量を <mark>多め</mark> にしていて使い，<mark>薄塗り</mark> に適しています。

〈混色〉 パレットの上でいくつかの色を混ぜる。

〈重色〉 下に塗った色がかわいてから，上に別の色を重ねて塗る。

不透明水彩絵の具は，水の量を <mark>少なめ</mark> にしていて使い，<mark>厚塗り</mark> に適しています。

💤 寝る前にもう一度

- 🌟 スケッチは，描こうとするものの形や色を大まかに表現。
- 🌙 水彩絵の具は，透ける透明水彩，透けない不透明水彩。

2. 絵画②：風景画，人物画

★ 今夜おぼえること

✨奥行きは，空気遠近法，線遠近法(透視図法)で表現。

〈空気遠近法〉
遠くのものは，淡くぼんやりと。
近くのものは，濃くはっきりと。

〈線遠近法(透視図法)〉

🌙成人の場合，頭部の大きさは全身の約 7〜8 分の1。

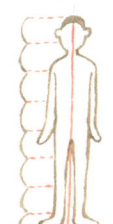

正中線

正中線は，正面(背面)を向いた状態で，中心を通る線のことだよ。

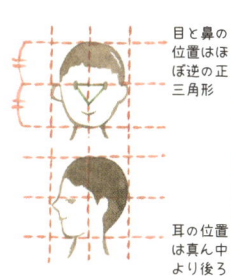

目と鼻の位置はほぼ逆の正三角形

耳の位置は真ん中より後ろ

★ 今夜のおさらい

✦ 立体感や距離感を出し，奥行きのある空間を表現するときは，遠近法を使います。
空気遠近法は，遠くのものは淡くぼんやりと，近くのものは濃くはっきりと描く方法です。
線遠近法（透視図法）は，線の方向で空間を表現する方法です。

「モナ・リザ」も空気遠近法が使われているよ。

☾ 成人の頭の大きさは全身の約 7 〜 8 分の 1 です。人体をとらえるときは，いろいろな角度から観察し，バランスを考えて描きましょう。

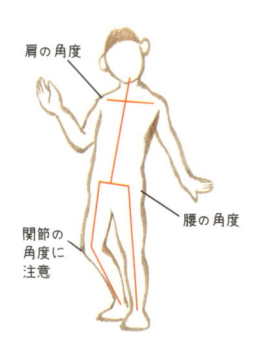

肩の角度
腰の角度
関節の角度に注意

💤 寝る前にもう一度

- ✦ 奥行きは，空気遠近法，線遠近法（透視図法）で表現。
- ☾ 成人の場合，頭部の大きさは全身の約 7 〜 8 分の 1。

3. 版画

★ 今夜おぼえること

★ ゴロ合わせ **へー，こんな凹凸，いつのまに？**
（平版）（孔版）（凹版）（凸版）

版画は，版の形式によって，平版・孔版・凸版・凹版の4種類に分けられるよ。

🌙 ゴロ合わせ **マル，サンカク，平らに切り出す彫刻刀。**

（丸刀） （三角刀） （平刀） （切り出し刀）

★ 今夜のおさらい

☆ 版画は1つの版で 同じ 作品が何枚もつくれます。

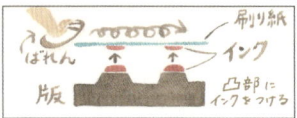

▲凸版

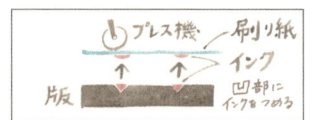

▲凹版

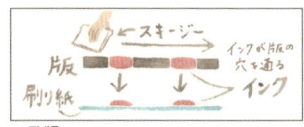

▲孔版

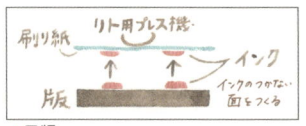

▲平版

- 凸版…広い面による表現。
  例 木版画, 紙版画など。

- 凹版…細密な表現。
  例 ドライポイント, エッチングなど。

- 孔版…仕上がりが鮮明。
  例 シルクスクリーンなど。

- 平版…油性の描画材料で描いた絵を, そのまま表せる。
  例 リトグラフなど。

☾ 木版画は, 彫刻刀 で彫って版をつくります。

丸刀 — やわらかい線。
三角刀 — 鋭く細い線。
平刀 — ぼかし, 広い部分の彫り下げ。
切り出し刀 — 輪郭線や細かい線。

・・・ 寝る前にもう一度 ・・・
- ☆ へー, こんな凹凸, いつのまに?
- ☾ マル, サンカク, 平らに切り出す彫刻刀。

50

4. 彫刻①：表現方法と種類

★今夜おぼえること

☆表現方法は、彫造（カービング）と塑造（モデリング）がある。

〈彫造（カービング）〉　〈塑造（モデリング）〉

- 外から彫り刻む方法だよ。
- つけ加えて形にする方法だよ。

☾表現の種類は、丸彫りとレリーフ（浮き彫り）がある。

〈丸彫り〉　〈レリーフ（浮き彫り）〉

- 完全な立体だね。
- 半立体だね。

★今夜のおさらい

🌟 対象を 立体的 な像に形づくるのが、彫刻です。
- 彫造… カービング ともいいます。木や石などのかたまりを外側から 彫り刻んで 形をつくります。彫りすぎてしまうと修正ができません。
- 塑造… モデリング ともいいます。粘土や石こうなどを使い、 つけ加える ことによって形をつくります。つけたり削ったりが自由にできます。

🌙 丸彫り は、完全な立体なので360°あらゆる 角度 から鑑賞することができます。 レリーフ （浮き彫り）は、半立体なのでふつう 正面 から鑑賞します。

- レリーフのつくり方

  塑造…粘土などの平面上に、形を 盛り上げる 。

  彫造…木の板などの平面から、形を 彫り下げる 。

💤 寝る前にもう一度
- 🌟 表現方法は、彫造（カービング）と塑造（モデリング）がある。
- 🌙 表現の種類は、丸彫りとレリーフ（浮き彫り）がある。

5. 彫刻②：粘土の彫刻

★今夜おぼえること

☆土粘土を練るときは，中の空気を抜いて，質を均一に。

〈菊練り〉
手首を使って押し，菊の花びらのような形になるように練りこむよ。

回転方向

粘土が固いときは水を加えよう。

☽人体像，心棒つくって，粘土で肉づけ。

針金などにぬらした麻ひもを巻きつけてつくるよ。

腕の関節などは，丸みがついてしまわないように，きちんと曲げる。

太いところには，木片などを入れる。

粘土の厚みを考えて，手足は長めにする。

心棒は，粘土の重さで形がゆがまないようにするためのものだよ。

美術

★ 今夜のおさらい

❀ 粘土には、土粘土（水粘土）、油粘土、紙粘土、合成粘土などの種類があります。土粘土の場合、中の 空気 を抜いて質を 均一 にするために、よく練ってから使います。固さは 耳たぶ くらいにすると扱いやすいです。固い場合には、水 を少し加えて練り、固さを調整します。

〈粘土で作品をつくるときに使うおもな用具〉

きりべら　　くしべら　　かきべら（かき取りべら）　　粘土板

☾ 粘土で、手、頭、人体などの像をつくるときは、ポーズに合わせて針金などで 心棒 をつくります。心棒には、粘土のつきをよくするために、ぬらした 麻ひもを巻きつけておきます。

💤 寝る前にもう一度

- ❀ 土粘土を練るときは、中の空気を抜いて、質を均一に。
- ☾ 人体像、心棒つくって、粘土で肉づけ。

6. 色彩①：三原色，三要素

★ 今夜おぼえること

☆ 三原色，色料（しきりょう）はY・M・Cで，色光（しきこう）はR・B・G。

基本となる3つの色（三原色）を混ぜ合わせると，どんな色でもつくれるよ。

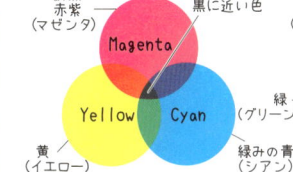

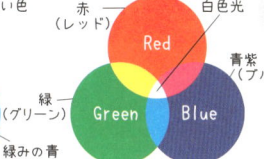

〈色料（絵の具など）〉
- 赤紫（マゼンタ）Magenta
- 黒に近い色
- 黄（イエロー）Yellow
- 緑みの青（シアン）Cyan

〈色光（光）〉
- 赤（レッド）Red
- 白色光（はくしょくこう）
- 青紫（ブルー）Blue
- 緑（グリーン）Green

🌙 ゴロ合わせ　色は，妻 子とめいが決める。
（彩度）（色相）（明度）

色の三要素（三属性）は，彩度，色相，明度の3つ。

★ 今夜のおさらい

☆ **三原色**は、色料と色光で色が異なります。
- **色料**…Y：イエロー(黄)・M：マゼンタ(赤紫)・C：シアン(緑みの青)。色を混ぜるほど明度が 低く (暗く) なります。(減法 混色)
- **色光**…R：レッド(赤)・B：ブルー(青紫)・G：グリーン(緑)。重ね合わせるほど明度が 高く (明るく) なります。(加法 混色)

🌙 色は 無彩色 (白・黒・灰) と 有彩色 (白・黒・灰以外の色味のある色) に分けられます。また、色には、色相・明度・彩度という3つの性質があり、これを色の 三要素 (三属性) といいます。

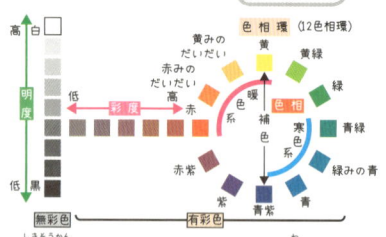

- **色相**…赤・青・黄など、色味や色合いのこと。
- **明度**…明るさの度合いのこと。
- **彩度**…鮮やかさの度合いのこと。

・色相環…色相の近い色の順に並べた環。

💤 寝る前にもう一度
- ☆ 三原色、色料はY・M・Cで、色光はR・B・G。
- 🌙 色は、妻子とめいが決める。

7. 色彩②：配色など

★ 今夜おぼえること

⭐ ゴロ合わせ 赤い暖炉（だんろ）の前で，青い寒天（かんてん）
（暖色）　　　　　　　（寒色）
を食べる。

> 赤は暖かい感じ，青は寒い感じがするね。

🌙 補色（ほしょく）どうしは強く刺激的（しげき），
似た色どうしは落ち着いた印象。

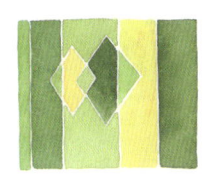

〈補色〉　　〈似た色〉

> 同じ絵でも，印象がずいぶん違うね。

★ 今夜のおさらい

😺 赤や赤み・黄みのだいだいなど，暖かい感じのする色のことを 暖色 といい，青や青緑など，寒い感じのする色のことを 寒色 といいます。色はさまざまな印象を人に与えます。明度と彩度の高い暖色系の色はとび出して見えるので，進出色 といいます。明度と彩度の低い寒色系の色は引っ込んで見えるので，後退色 といいます。

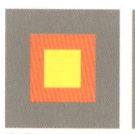

中央がとび出して見える。(中央が進出色)

中央が引っ込んで見える。(中央が後退色)

🌙 色を組み合わせることを 配色 といいます。色の組み合わせによって，与える印象が変わります。

〈彩度による配色〉
- 高彩度の色どうし…派手で強い。
- 低彩度の色どうし…地味。
- 彩度差の大きい色…よく目立つ。

〈明度による配色〉
- 高明度の色どうし…明るく軽い。
- 低明度の色どうし…暗く重い。
- 明度差の大きい色…よく目立つ。

〈色相による配色〉
- 暖色どうし…暖かく，動的。
- 寒色どうし…冷たく，静的。
- 暖色と寒色…対立感がある。

💤 寝る前にもう一度

- 😺 赤い暖炉の前で，青い寒天を食べる。
- 🌙 補色どうしは強く刺激的，似た色どうしは落ち着いた印象。

8. 視覚伝達デザイン

★ 今夜おぼえること

☆ 永は明朝体, 永はゴシック体。

ポスターは, 見てわかりやすいことが大切。情報を視覚的に伝えるデザインを, 視覚伝達デザインというよ。ポスターでは, 文字の工夫も大切だよ。

〈レタリング（文字のデザイン）の手順〉

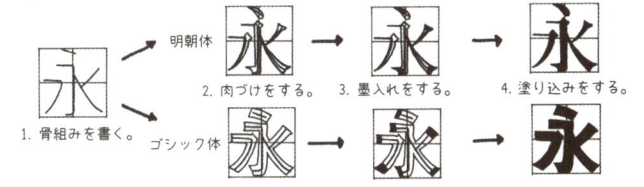

1. 骨組みを書く。
   明朝体: 2. 肉づけをする。 → 3. 墨入れをする。 → 4. 塗り込みをする。
   ゴシック体: 2. 肉づけをする。 → 3. 墨入れをする。 → 4. 塗り込みをする。

☽ ひと目見て, パッとわかる, ピクトグラム（絵文字）。

公共施設の案内板や交通標識では, 絵文字（ピクトグラム）がよく使われているよ。

非常口のマークだね。

★今夜のおさらい

☆ ポスターやマークなど，視覚伝達(しかくでんたつ)デザインでは，伝える内容を明確にすること，見てわかりやすい表現を工夫することが大切です。

- ポスターの制作手順
  ① テーマ（主題）の決定。
  ② デザインの決定。
    …アイデア スケッチ を描いて構想を練る。イラストや コピー （効果的に伝える短い文）を考え，レイアウト （構成）を工夫する。
  ③ 下絵を作成する。
  ④ 配色(はいしょく) を考えて，色を塗る。

☽ 言葉や文字がわからなくても，見ただけで 情報 を伝えることができる 絵文字 のことを，ピクトグラム といいます。

> 単純な形や色でわかりやすく伝えることを考えよう。

💤 寝る前にもう一度

- ☆ 永は明朝体，永はゴシック体。
- ☽ ひと目見て，パッとわかる，ピクトグラム（絵文字）。

9. いろいろなデザイン

★今夜おぼえること

☆☆ みな安心, だれでも使える, ユニバーサルデザイン。

- シャンプーの容器にはギザギザがついていて, 区別できる。 
- 洗濯物の出し入れがしやすいななめドラム式洗濯機。
- 段差を小さくし, 乗り降りしやすいノンステップバス。
- 右ききの人も左ききの人も使えるはさみ。

使う人の立場になって, デザインされているよ。

☽ 環境保全を考えた, 地球にやさしい, エコデザイン。

再生利用が可能な材料を使ったり, 二酸化炭素を発生させないエネルギーを使ったりなど, 環境への負荷が少ない製品のデザイン。

- ケナフは, 成長が速く, 二酸化炭素を多く吸収する。
- 屋上を緑化することでヒートアイランド現象の緩和が期待できる。 
- うめると土にかえる素材でできた食器。 

美術

> ★ 今夜のおさらい

🌟 **工業的につくられる製品**のためのデザインを，工業デザイン（プロダクトデザイン）といいます。

〈工業デザインの例〉

自動車　電化製品　家具など

機能性や生産性が重視されるよ。

性別や年齢，障がいの有無などにかかわらず，**だれもが安心して使える**ことを目指したデザインのことをユニバーサルデザインといいます。

🌙 リサイクルした材料や，リサイクルできる材料を使った製品など，環境の保全を考えたデザインのことをエコデザインといいます。
また，**生活環境を快適にする**ためのデザインのことを環境デザインといいます。

〈環境デザインの例〉

インテリア　都市計画

> 💤 寝る前にもう一度
> 🌟 みな安心，だれでも使える，ユニバーサルデザイン。
> 🌙 環境保全を考えた，地球にやさしい，エコデザイン。

10. 立体感のある構成

★今夜おぼえること

☆☆消失点が1つ→一点透視図法, 2つ→二点透視図法。

透視図法は、消失点の数や位置により、図法が変わるよ。

〈一点透視図〉　　〈二点透視図〉

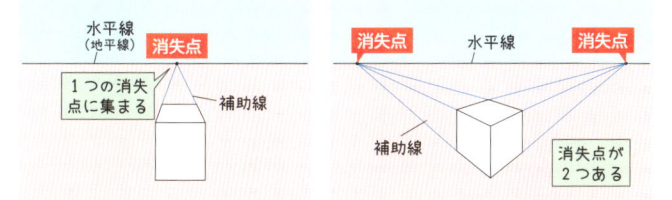

水平線（地平線）　消失点　　消失点　水平線　消失点

1つの消失点に集まる　補助線　　補助線　　消失点が2つある

☽斜投影図は横の線が全部平行, 等角投影図は角度が重要。

〈斜投影図〉

横の線は、全部平行で水平だよ。

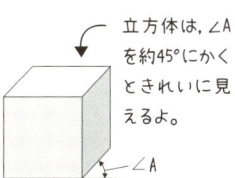

立方体は、∠Aを約45°にかくときれいに見えるよ。

∠A

〈等角投影図〉

AとBの角の大きさは等しくかくよ。

∠A　∠B

★今夜のおさらい

🌙 一点透視図と二点透視図は次のようにかきます。

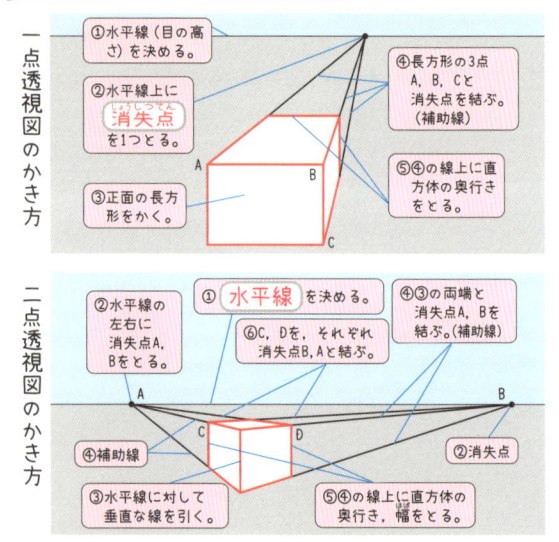

一点透視図のかき方
- ①水平線（目の高さ）を決める。
- ②水平線上に 消失点 を1つとる。
- ③正面の長方形をかく。
- ④長方形の3点A, B, Cと消失点を結ぶ。（補助線）
- ⑤④の線上に直方体の奥行きをとる。

二点透視図のかき方
- ① 水平線 を決める。
- ②水平線の左右に消失点A, Bをとる。
- ③水平線に対して垂直な線を引く。
- ④補助線
- ⑤④の線上に直方体の奥行き、幅をとる。
- ⑥C, Dを、それぞれ消失点B, Aと結ぶ。
- ④③の両端と消失点A, Bを結ぶ。（補助線）
- ②消失点

🌙 投影図法 には、斜投影図 と 等角投影図 があります。投影図法と透視図法では、面の形も変化するので、 透視図法 のほうがより奥行きを表現することができます。

〈等角投影図〉

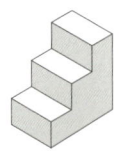

💤 寝る前にもう一度
- ★消失点が1つなら一点透視図法、2つなら二点透視図法。
- 🌙 斜投影図は横の線が全部平行、等角投影図は角度が重要。

11. 工芸①：土でつくる

★ 今夜おぼえること

🌟 焼き物の成形技法には、粘土のひもを積み上げるひもづくり、板でつくる板づくりなどがある。

粘土の厚みを均等にすることがポイントだよ。

〈ひもづくり〉

〈板づくり〉

横から見た図

🌙 焼く前は、しっかり乾燥。

作品に水分が残っていると、焼いたときこわれてしまう原因になるので、焼く前には十分に乾燥させるよ。

美術

★ 今夜のおさらい

🌠 **成形の技法には，次のようなものもあります。**

- 手びねり …粘土のかたまりから，手と指で直接形をつくる。
- ろくろづくり …粘土のかたまりをろくろにのせ，回転する力で円筒状に引き伸ばして形をつくる。

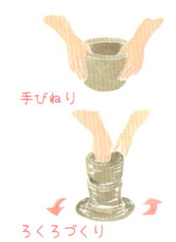

手びねり

ろくろづくり

🌙 **焼き物は次のような手順で制作します。**

① 土練り… 耳たぶ くらいのかたさにする。
② 形 をつくる（成形）。
③ 飾りや 模様 をつける（加飾）。
④ 乾燥 …焼くときにひびが入らないように，風のない日陰でゆっくり 乾燥 させる。
⑤ 素焼き…約800℃で焼く。
⑥ 顔料で模様を描く（下絵つけ）。
⑦ 色 やつやをつけるために， 釉薬 をかける（施釉）。
⑧ 本焼き …1200℃以上で焼く。

下絵つけ

施釉

💤 寝る前にもう一度

- 🌠 焼き物の成形技法には，粘土のひもを積み上げるひもづくり，板でつくる板づくりなどがある。
- 🌙 焼く前は，しっかり乾燥。

12. 工芸②：木でつくる

★今夜おぼえること

☆板の木目は、まさ目板は平行、板目板は変化がある。

板材は、丸太からのとり方で、まさ目板と板目板に分けられるよ。

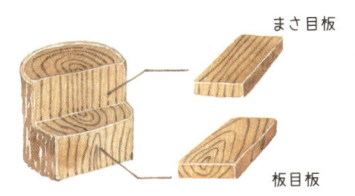

まさ目板
板目板

☽木を削るときは、木目に逆らわないならい目に。

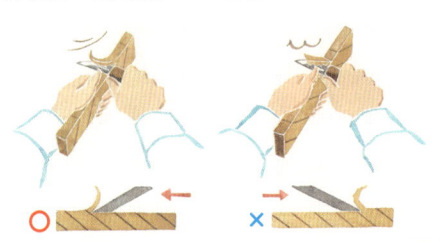

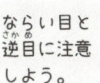

ならい目と逆目に注意しよう。

○ ならい目
× 逆目

★ 今夜のおさらい

☾ 板材(いたざい)を選ぶときは、よく乾(かわ)いていて、くるいが少なく、強度があるものを選ぶようにします。板材の強さは、木目の方向によって変わり、木目にそって割れやすいという特徴(とくちょう)があります。

- まさ目板(いた)…くるいが生じにくく、加工がしやすい。
- 板目板(いため)…まさ目板よりも割れにくいが、収縮やそりがあり、加工しにくい。

☾ 木には木目があり、木目の流れる方向をならい目、木目とは逆の方向を逆目(さかめ)といいます。逆目に削(けず)ると、表面があらくなるので、やすりをかけてなめらかにします。作品を模様で飾(かざ)るときは、彫刻刀(ちょうこくとう)で模様を彫(ほ)ります。

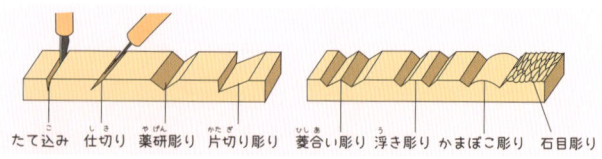

たて込み　仕切り(しきり)　薬研彫り(やげん)　片切り彫り(かたぎり)　菱合い彫り(ひしあい)　浮き彫り　かまぼこ彫り　石目彫り

💤 寝る前にもう一度
- ☾ 板の木目は、まさ目板は平行、板目板は変化がある。
- ☾ 木を削るときは、木目に逆らわないならい目に。

13. 日本の美術史 ①

★ 今夜おぼえること

★★ ゴロ合わせ ジョーは縄にドキッ,
　　　　（縄文土器）（縄目模様）
　　ヤヨイは機械にドキッ。
　　（弥生土器）（幾何学模様）

縄目模様があるのが縄文土器で,幾何学模様があるのが弥生土器だよ。

☾ 飛鳥時代に仏教が伝わり,
　仏像など仏教美術が広まる。

〈釈迦三尊像〉（法隆寺）　　〈玉虫厨子〉（法隆寺）

中央が釈迦如来像だよ。　　仏像を安置した箱だよ。

飛鳥時代の美術は,中国・朝鮮などの影響を大きく受けているよ。

★今夜のおさらい

☀ 縄文時代から古墳時代の美術の特色は、生活に密着していて、素朴で力強いことです。縄文時代には縄文土器や土偶、弥生時代には弥生土器や銅鐸、古墳時代には古墳のくずれ止めや飾りとして埴輪がつくられました。

縄文土器　　土偶　　弥生土器　　埴輪

🌙 飛鳥時代に仏教が伝来したことにより、仏像がつくられるようになりました。

- 飛鳥時代…弥勒菩薩半跏思惟像（広隆寺）
- 奈良時代…薬師如来像（薬師寺）
  　　　　阿修羅像（興福寺）
- 平安時代…十一面観音像（法華寺）
  　　　　阿弥陀如来像（平等院）
- 鎌倉時代…東大寺金剛力士像
  　　　　（運慶・快慶作）

▲阿修羅像（興福寺）

寝る前にもう一度

- ☀ ジョーは縄にドキッ、ヤヨイは機械にドキッ。
- 🌙 飛鳥時代に仏教が伝わり、仏像など仏教美術が広まる。

14. 日本の美術史②

月　日
月　日

★ 今夜おぼえること

★★ **室町**(むろまち)**時代に水墨画**(すいぼくが)**が大成。**
　　江戸(えど)**時代は浮世絵**(うきよえ)**が流行。**

〈秋冬山水図(しゅうとうさんすいず)〈雪舟(せっしゅう)〉〉
(TNM Image Archives)

〈富嶽三十六景(ふがくさんじゅうろっけい)「神奈川沖浪裏(かながわおきなみうら)」〈葛飾北斎(かつしかほくさい)〉〉

🌙 **明治**(めいじ)**以降、西洋美術が流入。**
　　洋画家に、「湖畔(こはん)**」の黒田清輝**(くろだせいき)**、**
　　「鮭(さけ)**」の高橋由一**(たかはしゆいち)**など。**

〈湖畔〈黒田清輝〉〉 
(東京文化財団研究所)

〈鮭〈高橋由一〉〉 
(東京藝術大学美術館)

美術

★今夜のおさらい

🌠 墨の濃淡で対象を表現するのが 水墨画 です。禅宗の影響を受けた 室町時代 に発展しました。江戸時代 は町人文化が発展し、庶民的な 風俗画 の 浮世絵 が流行しました。

- 役者絵…東洲斎写楽
- 風景画…葛飾北斎、歌川広重
- 美人画…喜多川歌麿

▲三世大谷鬼次の奴江戸兵衛（東洲斎写楽）
(TNM Image Archives)

🌙 明治時代以降、油絵 技法の研究が進み、洋画 が多く描かれるようになります。その一方で、岡倉天心、フェノロサ らが 日本画 の復興に尽力しました。

この時代の日本画家には、「無我」の 横山大観、「悲母観音」の狩野芳崖、「落葉」の菱田春草 などがいます。

▲無我（横山大観）
(TNM Image Archives)

💤 寝る前にもう一度

- 🌠 室町時代に水墨画が大成。江戸時代は浮世絵が流行。
- 🌙 明治以降、西洋美術が流入。洋画家に、「湖畔」の黒田清輝、「鮭」の高橋由一など。

15. 世界の美術史①

★今夜おぼえること

☆☆ **旧石器時代**，**ラスコー**やアルタミラの**洞窟壁画**が描かれた。

動物がいきいきと描かれているね。

〈ラスコーの洞窟壁画〉

🌙 ゴロ合わせ **レ**，**ミ**，**ファ**で復興，**ルネサンス**。

レ：レオナルド・ダ・ヴィンチ
ミ：ミケランジェロ　ファ：ラファエロ

三大巨匠が活躍したよ。

★今夜のおさらい

✪ 旧石器時代に描かれた洞窟壁画は、狩猟生活の人々が豊猟を願い洞窟の壁に動物の絵を描いたものとされています。
- ラスコーの洞窟壁画(フランス)
- アルタミラの洞窟壁画(スペイン)

🌙 ルネサンスは、「復興、再生」という意味で、イタリアを中心に起こりました。ギリシャ・ローマの学問や芸術の学び直し、人間の自然の美の追求、写実的な表現などに特色があります。
- レオナルド・ダ・ヴィンチ…モナ・リザ、最後の晩餐
- ミケランジェロ…最後の審判、ダヴィデ像
- ラファエロ…小椅子の聖母、美しき女庭師

◀ モナ・リザ
(レオナルド・ダ・ヴィンチ)
(ルーヴル美術館)

◀ 美しき女庭師
(ラファエロ)
(ルーヴル美術館)

💤 寝る前にもう一度

✪ 旧石器時代、ラスコーやアルタミラの洞窟壁画が描かれた。
🌙 レ、ミ、ファで復興、ルネサンス。

16. 世界の美術史②

★ 今夜おぼえること

★★ ゴロ合わせ 印象的なドルのも のまね。
(ドガ)(ルノワール)(モネ)(マネ)

印象派の代表的な画家を覚えよう。

美術

🌙 戦争への怒（いか）りをこめた「ゲルニカ」は、ピカソの代表作。

「ゲルニカ」はスペインの都市の名前だよ。

〈ゲルニカ（ピカソ）〉 (PPS通信社)
©2015-Succession Pablo Picasso-SPDA(JAPAN)
(国立ソフィア王妃芸術センター所蔵)

★ 今夜のおさらい

☆ 明るい色彩の表現が 印象 派の絵の特色です。

- ドガ…舞台の踊り子
- ルノワール…ムーラン・ド・ラ・ギャレット
- モネ…睡蓮, 印象・日の出
- マネ…草上の昼食, 笛を吹く少年

◀ 睡蓮（モネ）
（ユニフォトプレス）

印象派の影響を受けつつ, 個性に満ちた表現が見られる 後期印象 派の画家も確認しましょう。

- ゴッホ…タンギー爺さんの肖像, ひまわり
- セザンヌ…リンゴとオレンジ, 青い花びん
- ゴーギャン…タヒチの女

☽ 現代の絵は, 技法などが 多様化 しています。

キュビスム（立体派）	ピカソ	ゲルニカ
	ブラック	ギターを持つ男
フォービスム（野獣派）	マティス	大きな赤い室内
	ルオー	見習い職人
シュルレアリスム（超現実主義）	ダリ	記憶の固執
	ミロ	オランダの室内Ⅱ

ピカソは立体派の創始者。

💤 寝る前にもう一度

- ☆ 印象的なドルのも のまね。
- ☽ 戦争への怒りをこめた「ゲルニカ」は, ピカソの代表作。

1. 体つくり運動

★ 今夜おぼえること

✪ 体ほぐしの運動…気づき，調整，交流

気づき（固いな…）　調整　交流

☾ 体力を高める運動…スト，
(ストレッチング)

ドリ，ジャ，エア
(ドリブル)（ジャンプ）(エアロビクス)

ストレッチング　ドリブル　ジャンプ　エアロビクス

保体

★ 今夜のおさらい

☆ 体つくり運動には，心身への 気づき や 調整，仲間との 交流 をねらいとする 体ほぐし の運動があります。

> まず，ウォーミングアップとして，体ほぐしの運動を行おう。

☾ 体つくり運動には，目的 に合わせて行う 体力を高める 運動があります。目的とそれに合った運動には，以下があります。

- 柔軟性（じゅうなんせい）を高める運動　例 静的または動的 ストレッチング
- 巧（たく）みな動きを高める運動
  　例 ボール運動（ドリブル），リズムステップ，縄（なわ）運動（スキップ跳（と）び）
- 力強い動きを高める運動
  　例 ジャンプ系運動（大の字 ジャンプ），メディシンボール投げ
- 動きを持続する能力を高める運動
  　例 エアロビクス，ジョギング，サーキットコース

> 全ての体力要素に合うものとしては，球技や武道があるよ。

💤 寝る前にもう一度

- ☆ 体ほぐしの運動…気づき，調整，交流
- ☾ 体力を高める運動…スト，ドリ，ジャ，エア

2. マット運動／鉄棒運動

★今夜おぼえること

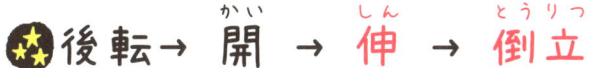

☆ 後転 → 開 → 伸 → 倒立
　　　　（かい）　（しん）　（とうりつ）
　　　（開脚後転）（伸しつ後転）（後転倒立）

● マット運動

　　　　　　後転グループ！！

〈後転〉　〈開脚後転〉　〈伸しつ後転〉　〈後転倒立〉

🌙 鉄棒… 順手, 逆手, 片逆手
　　　　　（じゅんて）（さかて）（かたさかて）

● 鉄棒運動

〈順手〉　〈逆手〉　〈片逆手〉

保体

★今夜のおさらい

☆マット運動の技の一つに，[後転]があります。後転グループの技として，[開脚]後転，[伸しつ]後転，[後転]倒立があります。

- 後転…かかとに近い所に腰を下ろす。
- 開脚後転…足が頭を越えるときに[足]を開く。
- 伸しつ後転…[ひざ]を伸ばして前屈し，[両足]をそろえて立ち上がる。
- 後転倒立…後転しながら腰を伸ばし，倒立する。

> 前転には，開脚前転，伸しつ前転のほか，倒立前転，跳び前転と跳び伸しつ前転があるよ。

☽鉄棒の握り方には，[順手]，[逆手]，[片逆手]があります。技ごとに握り方が違います。

- 順手　例 前方（後方）支持回転，後方ももかけ回転
- 逆手　例 前方ひざかけ回転，前方ももかけ回転
- 片逆手　例 踏み越し下り，支持跳び越し下り

> 鉄棒運動には，回転する支持系とぶら下がる懸垂系の技があるよ。

💤寝る前にもう一度

- ☆後転→開→伸→倒立
- ☽鉄棒…順手，逆手，片逆手

3. 平均台運動／跳び箱運動

★今夜おぼえること

😊両足ターン→片足ターン

●平均台運動

〈両足ターン〉　〈片足ターン〉

両足ターン→片足ターンの順に学習するよ。

🌙手をつく位置は、前方に！

●跳び箱運動

前方に!!（切り返し系の場合）

★今夜のおさらい

🌠 平均台運動の技には、方向を変える ターン のほか、歩いたり走ったりする 歩走 、ジャンプする 跳躍 、静止する ポーズ があります。

歩走（前方歩）　　　　　　　　　　　ポーズ（V字バランス）

跳躍（開脚跳び）

🌙 跳び箱運動の 切り返し系 の技では、跳び箱の 前方 に着手します。一方、 回転系 の技では跳び箱の 手前 に着手することもあるので、注意しましょう。

- 切り返し系の技　例 開脚 跳び、かかえ込み跳び、屈身跳び
- 回転系の技　例 頭はね 跳び、前方倒立回転跳び

技の種類によって、跳び箱に着手する位置が違うんだね。

💤 寝る前にもう一度
- 🌠 両足ターン→片足ターン
- 🌙 手をつく位置は、前方に！

4. リレー／ハードル走

★ 今夜おぼえること

✨ テークオーバーゾーンで、バトンパス

● リレー

🌙 インターバルは、リズムよく1, 2, 3!

● ハードル走

★ 今夜のおさらい

🌠 リレーのバトンパスは，　テークオーバーゾーン　で行います。

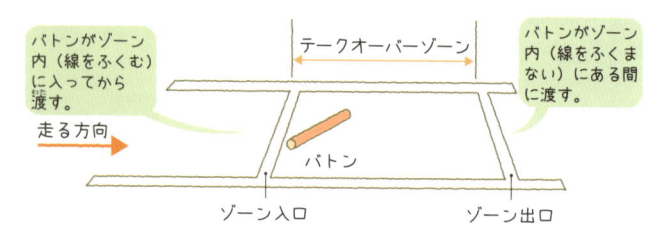

- バトンがゾーン内（線をふくむ）に入ってから渡す。
- 走る方向 →
- テークオーバーゾーン
- バトンがゾーン内（線をふくまない）にある間に渡す。
- バトン
- ゾーン入口
- ゾーン出口

🌙 ハードル走では，　インターバル　（ハードル間）はリズムよく3歩で走るのが一般的です。踏み切りから着地までの一連の動作を，　ハードリング　といいます。

【ハードルを越す練習】

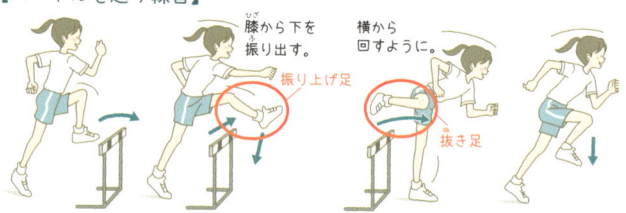

膝から下を振り出す。　振り上げ足

横から回すように。　抜き足

💤 寝る前にもう一度

- 🌠 テークオーバーゾーンで，バトンパス
- 🌙 インターバルは，リズムよく 1, 2, 3 !

5. 走り幅跳び／走り高跳び

★ 今夜おぼえること

☆ 幅跳び…かがみ，そり，はさみ！

● 走り幅跳び

〈かがみ跳び〉　〈そり跳び〉　〈はさみ跳び〉

☽ 高跳び…はさみ，背面！

● 走り高跳び

〈はさみ跳び〉　〈背面跳び〉

保体

★今夜のおさらい

☆走り幅跳びには、腕を前方に振って体を前に倒す かがみ跳び と、胸を大きくそらす そり跳び 、空中を走るように両足を一回交差させる はさみ跳び があります。

【1回の無効試技（失敗）になる場合の例】

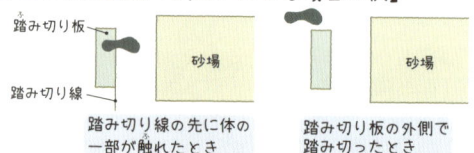

- 踏み切り板
- 踏み切り線

踏み切り線の先に体の一部が触れたとき

踏み切り板の外側で踏み切ったとき

> この他、宙返りのようなフォームで跳んだときも無効試技となるよ。

☾走り高跳びには、大きなはさみ動作でバーをまたぐ はさみ跳び と、肩→背中→腰の順に仰向けの状態でバーを越える 背面跳び があります。

【1回の無効試技（失敗）になる場合】

・バーを落としたとき。
・両足で踏み切ったとき。
・バーを越える前に、バーの助走路側の垂直面から先の地面や着地場所に触れ、有利になったと判断されたとき。

💤寝る前にもう一度

☆幅跳び…かがみ，そり，はさみ！
☾高跳び…はさみ，背面！

6. 水泳

★今夜おぼえること

個人 バタ→背→平→自,

リレー 背→平→バタ→自

〈個人メドレー〉 〈メドレーリレー〉

バタフライ → 背泳ぎ → 平泳ぎ → 自由形

背泳ぎ → 平泳ぎ → バタフライ → 自由形

◐ 平とバタは、両手でタッチ
（平泳ぎ）（バタフライ）

両手でタッチ!!

★今夜のおさらい

☆個人メドレーでは，バタフライ→背泳ぎ→平泳ぎ→自由形，メドレーリレーでは，背泳ぎ→平泳ぎ→バタフライ→自由形の順に泳ぎます。

☾ターンのとき，平泳ぎとバタフライは，壁面に両手でタッチします。クロールと背泳ぎは体の一部でタッチします。

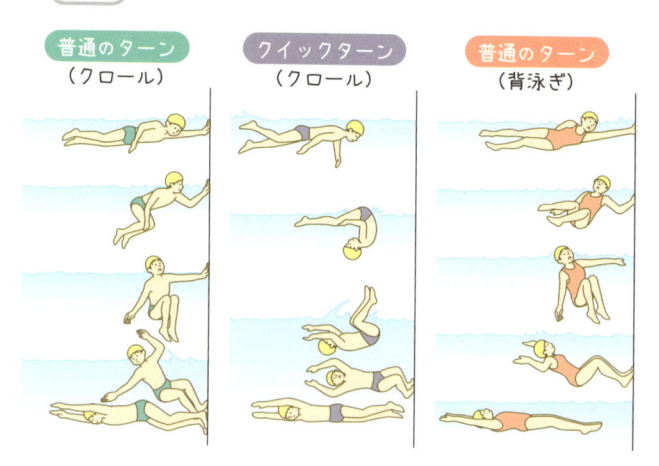

| 普通のターン
（クロール） | クイックターン
（クロール） | 普通のターン
（背泳ぎ） |

寝る前にもう一度
- ☆個人…バタ→背→平→自，リレー…背→平→バタ→自
- ☾平とバタは，両手でタッチ

7. バスケットボール／ハンドボール／サッカー

★今夜おぼえること

☆☆基本の技術, チェ・ショ・イン！
(チェストパス)(ショルダーパス)(インサイドキック)

- ●バスケットボール
- ●ハンドボール
- ●サッカー

チェストパス　**ショ**ルダーパス　**イン**サイドキック

☽試合再開はスローイン！

- ●バスケットボール 
- ●ハンドボール
- ●サッカー

★ 今夜のおさらい

☆ **基本的なパスやキックを覚えましょう。**

- バスケットボール… チェストパス
  胸の前から押し出すようにしてパス。
- ハンドボール… ショルダーパス
  ひじを肩より上に上げ，腕を振り上げてパス。
- サッカー… インサイド キック
  足の内側で，ボールを押し出すようにキック。

🌙 **次のようなときは相手チームの スローイン で試合が再開されます。**

- バスケットボール 例 ファウルや バイオレーション （ファウルを除く全ての違反）をしたとき。
- ハンドボール 例 ボールが サイドライン からコート外に出たときなど。
- サッカー 例 ボールが タッチライン を越えて完全に外に出たときや，スローイン時に不正投入したとき。

> サッカーのスローインは，両手で，頭の後方から頭上を通してボールを投げるよ。

💤 寝る前にもう一度
- ☆ 基本の技術，チェ・ショ・イン！
- 🌙 試合再開はスローイン！

8. バレーボール／卓球(たっきゅう)

★今夜おぼえること

✪反則は,触れるタッチネットや越えるオーバーネット

●バレーボール

ネット付近のプレイに関する反則

〈タッチネット〉 　〈オーバーネット〉

☾ラケットの持ち方は,シェークハンドとペンホルダー

●卓球

〈シェークハンド〉　　〈ペンホルダー〉

固くにぎらない　　深く固くにぎりすぎない

ラケットの形(かたち)も違うよ。

★今夜のおさらい

🌙 バレーボールで、ネット付近のプレイに関する反則には、両アンテナ間のネットや白帯、白帯より上のアンテナに触れる タッチネット や、相手コートにあるボールに、ネットを越えて触れる オーバーネット などがあります。

> オーバーネットは、ブロックの場合は除くよ。

🌙 卓球のラケットの持ち方には、シェークハンド グリップと、ペンホルダー グリップがあります。

【卓球の打法の例】
- ドライブ …フォアハンドやバックハンドから打ち返す打法。ボールに上向きの回転（ドライブ）をかけながら打つ。
- ショート …バックハンドから軽く打ち返す打法。
- スマッシュ …浮いてきたボールを強打する打法。

> シェークハンドでは、フォアとバックでラケットの両面を使い分けるよ。それに対して、ペンホルダーではふつう、どちらも表面で打つよ。

寝る前にもう一度

- 反則は、触れるタッチネットや越えるオーバーネット
- ラケットの持ち方は、シェークハンドとペンホルダー

9. バドミントン／ソフトテニス

★ 今夜おぼえること

☆ ゴロ合わせ 打法は, オー・アンとグラ
(オーバーヘッド)(アンダーハンド)(グラウンド)

バドミントンがオーバーヘッドストロークとアンダーハンドストローク。ソフトテニスはグラウンドストロークが基本の打ち方だよ。

🌙 バドとテニスはスマッシュ高く！

● バドミントン　　● ソフトテニス

★今夜のおさらい

🌟 それぞれ、基本的な打法を覚えましょう。

・バドミントン
  例 オーバーヘッド ストローク…頭の上で打つ。
     アンダーハンド ストローク…腰よりも低い位置で打つ。

・ソフトテニス
  例 グラウンド ストローク…バウンド後のボールを打つ。

●バドミントン　　　　　　　　●ソフトテニス

オーバーヘッド　　アンダーハンドストローク　　グラウンドストローク
ストローク　　　　（フォアハンド）　　　　　　（フォアハンド）

🌙 バドミントン・ソフトテニスとも、 スマッシュ はできるだけ高い打点でとらえて打ちます。

😴 寝る前にもう一度
- ★ 打法は、オー・アンとグラ
- 🌙 バドとテニスはスマッシュ高く！

10. ソフトボール

★ 今夜おぼえること

☆ゴロ合わせ ウインとスリリング
（ウインドミル）（スリングショット）

うんとスリリング
きゃ～

どちらも、ソフトボールに特有の投げ方だよ。

☽ 内はフェア, 外はファウル

〈フェア〉　　〈ファウル〉

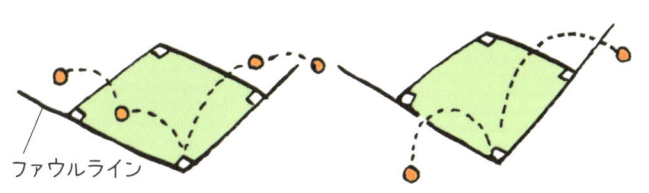

ファウルライン

打ったボールがファウルラインの外に落ちて止まったらファウル, 内に落ちて止まったらフェアだよ。

★ 今夜のおさらい

🌠 投手のピッチングには，ウインドミルモーション と，スリングショットモーションがあります。
- ウインドミル…スピードが出やすい。
- スリングショット…打者のタイミングを外しやすい。

ウインドミルモーション
腕を1回転させる。

スリングショットモーション
腕を振り子のように動かす

🌙 打ったボールは，規定の位置に落ちたり止まったりしたフェアボールと，フェアボールにならなかったファウルボールに分けられます。ファウルボールになったときのルールは，野球と同じです。
- 1ストライク以下のとき…ストライク
- 2ストライクのとき…打ち直し

> プレイヤーの人数も，野球と同じ9人だよ。

💤 寝る前にもう一度
- 🌠 ウインとスリリング
- 🌙 内はフェア，外はファウル

11. 柔道／剣道

★今夜おぼえること

☆柔道…投げ技，固め技！

●柔道

〈投げ技〉 大腰

〈固め技〉 本けさ固め

☾中段の構え→面，小手，胴！

●剣道

中段の構え

面
小手
胴

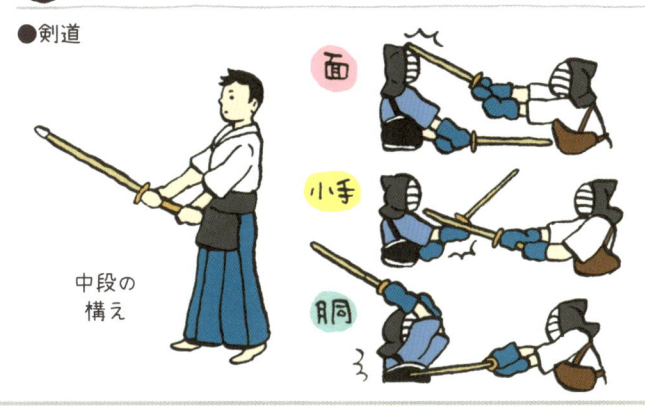

保体

★ 今夜のおさらい

🌠 柔道の技には、相手を投げる 投げ技 と、相手を抑え込む 固め技 があります。
- 投げ技 例 大腰・大外刈り・体落としなど。
- 固め技 例 本けさ固め・横四方固め・上四方固めなど。

● 投げ技

大外刈り　体落とし

● 固め技

横四方固め

上四方固め

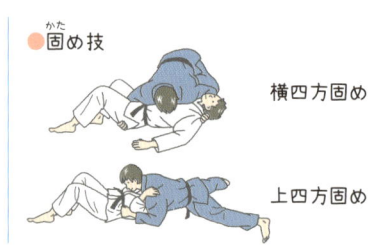

いろんな技があるね。

🌙 剣道では、剣先が相手の喉の高さにくるように構えます。これを 中段の構え といいます。

基本的な打ち方には、「面 打ち」「小手 打ち」「胴 打ち」があります。どの打ち方も右足を踏み込んで相手に近づき、打ちます。

💤 寝る前にもう一度
- 🌠 柔道…投げ技，固め技！
- 🌙 中段の構え→面，小手，胴！

12. ダンス

★今夜おぼえること

✪民族舞踊(ぶよう)から発生、

フォークダンス

〈パルソビアナポジション〉　〈オープンポジション〉　〈クローズドポジション〉

☾現代的なリズムのダンス、

ロックやヒップホップ

〈ロック〉　〈ヒップホップ〉

★今夜のおさらい

☆ 民族舞踊から発生したダンスに，フォークダンスがあります。パートナーとの組み方には，以下のようなものがあります。

- バルソビアナポジション…男女が同じ方向を向いて，右手と右手，左手と左手をつなぐ。
- オープンポジション…男女が並んで片手をつなぐ。
- クローズドポジション…向き合って立ち，女性の右手と男性の左手をつなぐ。女性の左手は男性の右肩に，男性の右手は女性の左腰に置く。

☾ 現代的なリズムのダンスでは，ロックやヒップホップの音楽に合わせて，リズムの特徴をとらえて踊ります。

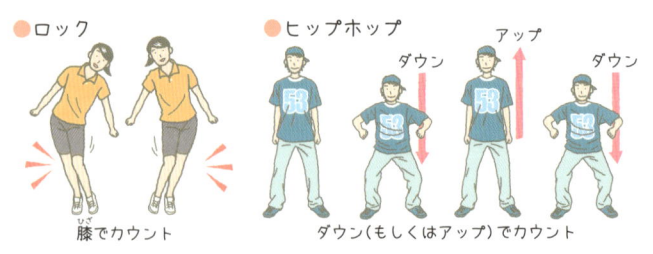

●ロック
膝でカウント

●ヒップホップ
ダウン　アップ　ダウン
ダウン（もしくはアップ）でカウント

💤 寝る前にもう一度
- ☆ 民族舞踊から発生，フォークダンス
- ☾ 現代的なリズムのダンス，ロックやヒップホップ

13. 体育理論

★今夜おぼえること

☆国際的な大会，オリンピック

🌙ゴロ合わせ あっち は 上，
(握力)(長座体前屈)(反復横跳び)(上体起こし)

　　　2　こ　ハン　たべたい
(20mシャトルラン)(50m走)(ハンドボール投げ)(立ち幅跳び)

上2コ半食べたい

新体力テストの項目だよ。

★ 今夜のおさらい

☆ 国際的なスポーツ大会 として代表的なものに，オリンピック があります。国際 親善や 世界 平和に大きな役割を果たしています。

☽ 新体力テストには，握力，上体 起こし，長座 体前屈，反復 横跳び，立ち 幅跳び，ハンドボール 投げ，50m走，持久走，20 mシャトルランがあります。

●握力　●上体起こし　●長座体前屈　●50m走

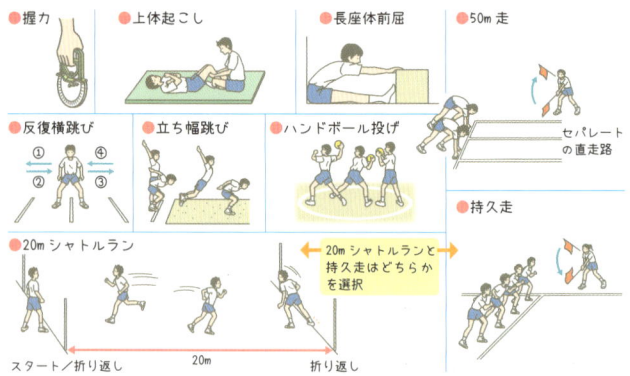

●反復横跳び　●立ち幅跳び　●ハンドボール投げ

●持久走

●20mシャトルラン

20mシャトルランと持久走はどちらかを選択

スタート／折り返し　20m　折り返し

💤 寝る前にもう一度

☆ 国際的な大会，オリンピック
☽ あっちは上，2こハンたべたい

14. 体の発育・発達①

★ 今夜おぼえること

✦発育急進期は2回！

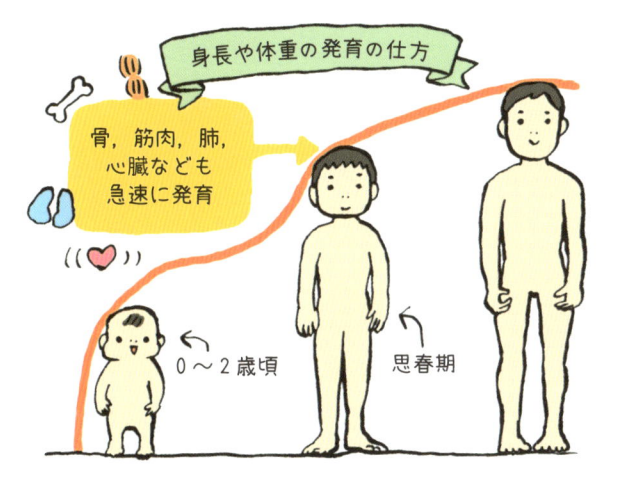

身長や体重の発育の仕方

骨, 筋肉, 肺, 心臓なども急速に発育

0〜2歳頃

思春期

☾呼吸器発達…呼吸数減, 肺活量増

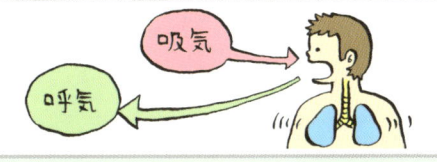

吸気

呼気

★ 今夜のおさらい

☆ 身体が急に発育する 発育急進期 は，大人になるまでに2回あります。思春期 は，第2発育急進期 に当たります。

各器官の発育の仕方のモデル
（スキャモンによる）
20歳までの発育量を100とした比率
- 胸腺，へんとうなど
- 脳，脊髄など
- 骨，筋肉，肺，心臓など
- 卵巣，精巣など

思春期の時期に大きく成長していることがわかるね。

脳／へんとう／脊髄／胸腺／肺／心臓／筋肉／骨／卵巣（女子）／精巣（男子）

☾ 呼吸数 の減少や，肺活量 の増大によって，呼吸器 が発達したことがわかります。

※肺活量…空気をいっぱいに吸い込んだあと，できるだけ多く吐き出した空気の量。

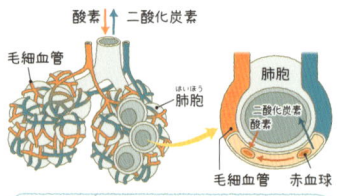

酸素 ↑↓ 二酸化炭素
毛細血管／肺胞／赤血球

肺胞の数が増えたり，肺全体が大きくなることで，1回の呼吸量が増える。

💤 寝る前にもう一度
☆ 発育急進期は2回！
☾ 呼吸器発達…呼吸数減，肺活量増

15. 体の発育・発達②

★今夜おぼえること

☆ **循環器発達…脈拍数減,拍出量増**

心臓が発達して拍出量が増すと,血圧も上がるんだって。

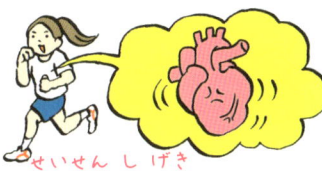

🌙 **思春期に分泌…性腺刺激ホルモン!**

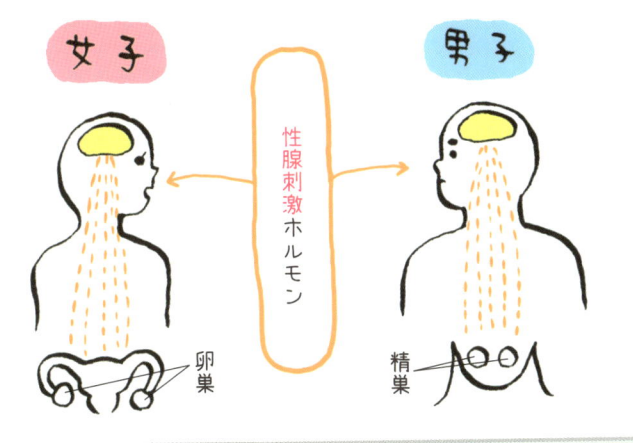

女子 / 男子

性腺刺激ホルモン

卵巣 / 精巣

★ 今夜のおさらい

🌑 脈拍数 の減少 や, 拍出量 の増大 によって, 循環器 が発達したことがわかります。

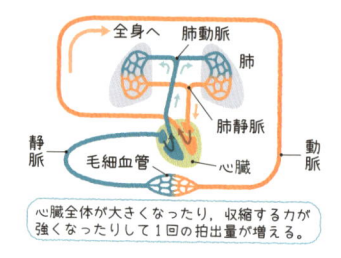

全身へ／肺動脈／肺／肺静脈／静脈／毛細血管／心臓／動脈

心臓全体が大きくなったり、収縮する力が強くなったりして1回の拍出量が増える。

🌙 思春期に, 下垂体 から 性腺刺激 ホルモンが分泌されることで, 生殖器 が発達します。

●女性生殖器の断面図(正面)

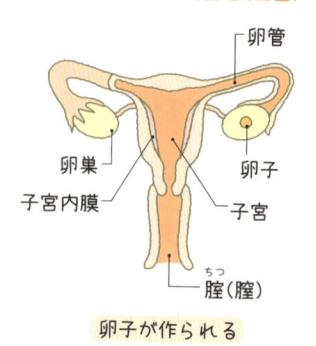

卵管／卵巣／卵子／子宮内膜／子宮／腟(膣)

卵子が作られる

●男性生殖器の断面図(側面)

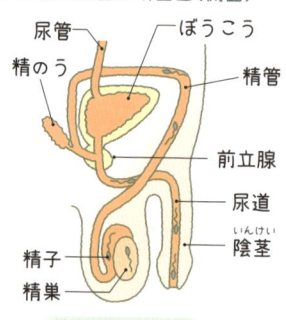

尿管／ぼうこう／精のう／精管／前立腺／尿道／陰茎／精子／精巣

精子が作られる

💤 寝る前にもう一度

- 🌑 循環器発達…脈拍数減, 拍出量増
- 🌙 思春期に分泌…性腺刺激ホルモン！

16. 心の発育・発達

★今夜おぼえること

✪心の働き…知　情　社
（知的機能）（情意機能）（社会性）

〈知的機能〉　〈情意機能〉　〈社会性〉

☽求める心…欲求，
心身に負担…ストレス

欲求

ストレス

★ 今夜のおさらい

🌙 心の働きは 大脳 で営まれ, 知的 機能, 情意 機能, 社会性 などの働きがあります。

- 知的機能…言葉を話したり, 考えたり, 記憶したりする能力。
- 情意機能…喜怒哀楽などの感情や, 意志。
- 社会性…自主性や協調性, 責任感など, 社会生活を送るうえで必要な態度や行動。

🌙 欲求には, 生理的 欲求と 社会的 欲求があります。周囲からの刺激で心身に負担がかかった状態を ストレス といいます。

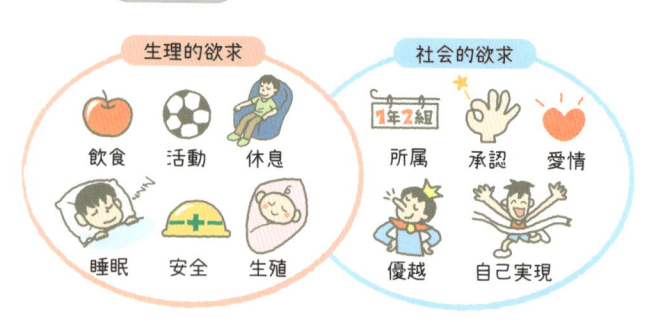

生理的欲求: 飲食, 活動, 休息, 睡眠, 安全, 生殖

社会的欲求: 所属, 承認, 愛情, 優越, 自己実現

💤 寝る前にもう一度
- 🌙 心の働き…知　情　社
- 🌙 求める心…欲求, 心身に負担…ストレス

17. 環境と適応・調節

★今夜おぼえること

☆☆変化に対応,「適応能力」

〈暑いとき〉　〈寒いとき〉

☽適切な温度,「至適温度」

〈気温〉　〈湿度〉　〈気流〉

★ 今夜のおさらい

☪ 暑さや寒さなどの環境(かんきょう)の変化に対応する能力を、適応能力 といいます。

寒さに対する適応
毛穴が閉じ、熱を閉じこめる。
毛穴
毛細血管
毛細血管が細くなり、血液が流れにくくなる。

暑さに対する適応
毛穴が開き、熱を逃がす。
汗を出し、熱を逃がす。
毛細血管が太くなり、血液が多く流れる。

☽ 暑すぎず寒すぎず、活動するのに適した温度の範囲(はんい)を、至適温度 といいます。

望ましい範囲		
気温	夏 25〜28℃	冬 18〜20℃
湿度	30〜80%	
気流	0.5m/秒以下	

💤 寝る前にもう一度
- ☪ 変化に対応、「適応能力」
- ☽ 適切な温度、「至適温度」

18. 環境の利用と保全

★今夜おぼえること

✨し尿を含んだ水 + 生活雑排水 = 生活排水

〈し尿〉　〈生活雑排水〉

> サラダ油を15mL流したとしたら、浄化するのに約5100Lの水が必要なんだって。

🌙循環型社会は 3R！

〈リデュース〉　〈リユース〉　〈リサイクル〉

★ 今夜のおさらい

🌟 **し尿** を含んだ水と **生活雑排水** を合わせて **生活排水** といい、下水処理場で処理されます。

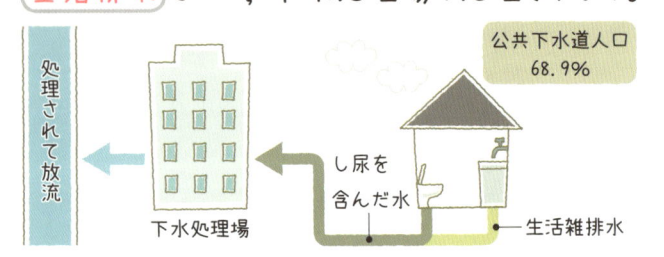

公共下水道人口 68.9%

処理されて放流 ← 下水処理場 ← し尿を含んだ水 ← 生活雑排水

🌙 **循環型社会**では、**リデュース**・**リユース**・**リサイクル** の **3R** が推進されています。

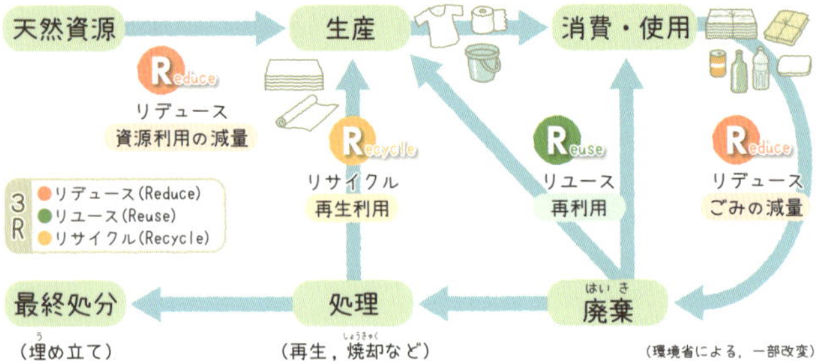

天然資源 → 生産 → 消費・使用 → 廃棄 → 処理 → 最終処分（埋め立て）

Reduce リデュース 資源利用の減量
Recycle リサイクル 再生利用
Reuse リユース 再利用
Reduce リデュース ごみの減量

3R
- リデュース (Reduce)
- リユース (Reuse)
- リサイクル (Recycle)

処理（再生、焼却など）

（環境省による、一部改変）

💤 寝る前にもう一度

- 🌟 し尿を含んだ水 + 生活雑排水 = 生活排水
- 🌙 循環型社会は 3R！

19. 傷害と事故

☐ 月 日
☐ 月 日

★ 今夜おぼえること

✦✦ ゴロ合わせ 人 にかん しゃ
(人的要因) (環境要因) (車両要因)

傷害は人的要因と環境要因の関わりによって起こる。交通事故は,そこに車両要因が加わるんだ。

☽ 交通事故防止は,危険予測と交通環境(かんきょう)整備

〈危険予測〉 〈環境整備〉

保体

113

★ 今夜のおさらい

😊 交通事故は，人的要因・環境要因・車両要因が複雑に関わり合って起こります。

- 人的要因…危険な行動（飛び出しや信号無視など），不安定な心身の状態（心配事や睡眠不足など），規則を尊重する態度の欠如など。
- 環境要因…道路状況，自然の悪条件など。
- 車両要因…車両の欠陥や整備不良など。

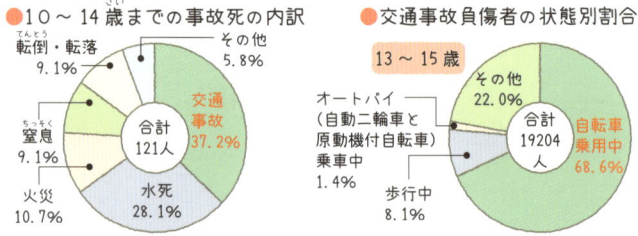

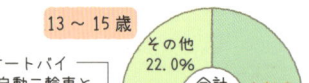

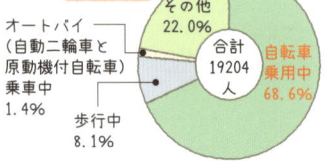

●10～14歳までの事故死の内訳
- 転倒・転落 9.1%
- その他 5.8%
- 交通事故 37.2%
- 水死 28.1%
- 火災 10.7%
- 窒息 9.1%
- 合計 121人

厚生労働省『人口動態統計』2010年

●交通事故負傷者の状態別割合
13～15歳
- その他 22.0%
- 自転車乗用中 68.6%
- オートバイ（自動二輪車と原動機付自転車）乗車中 1.4%
- 歩行中 8.1%
- 合計 19204人

交通事故総合分析センター『交通統計』2010年

🌙 交通事故を防ぐには，危険を予測して，安全な行動をとることや，信号機や道路標識などの交通安全施設の整備といった交通環境を安全に整えることが必要です。

💤 寝る前にもう一度

- 😊 人にかんしゃ
- 🌙 交通事故防止は，危険予測と交通環境整備

20. 応急手当／きずの手当

★今夜おぼえること

☆反応がない！→心肺蘇生(そせい)

「大丈夫ですか？」

心臓マッサージ（胸骨圧迫(あっぱく)）

☽血が出た！

→直接圧迫(あっぱく)止血法

保体

★ 今夜のおさらい

☆傷病者の反応がない場合，通報をしてから，心肺（しんぱい）蘇生を行います。心肺蘇生では，心臓マッサージ（胸骨圧迫（きょうこつあっぱく））を行います。

垂直に体重をかけ，胸骨が4～5cm下へしずむように押す。

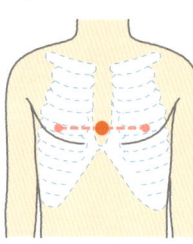

乳頭と乳頭の真ん中あたりに手のひらの根元を置く。

☽けがをして出血がある場合，ガーゼなどを**直接きず口に当てて圧迫する**，直接圧迫止血法を行います。

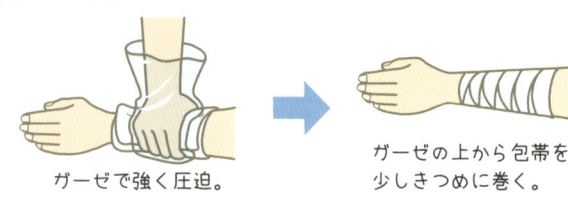

ガーゼで強く圧迫。

ガーゼの上から包帯を少しきつめに巻く。

💤 寝る前にもう一度

- ☆ 反応がない！→心肺蘇生
- ☽ 血が出た！→直接圧迫止血法

21. 健康な生活／生活習慣病

★ 今夜おぼえること

☆ ゴロ合わせ うんと食休みして眠る

（運動）　（食生活）（休養）　　（睡眠）

☾ ゴロ合わせ こうどうがとしのせい

（高血圧）（動脈硬化）（がん）（糖尿病）（心臓病）（脳卒中）

これらは、主な生活習慣病だよ。

★ 今夜のおさらい

☆ 健康な生活を送るには，適度な 運動 ，規則正しい 食生活 ， 休息 や 睡眠 ，入浴などの 休養 を適切にとることが大切です。

- 運動…ストレスの緩和，体力向上，肥満防止に。
- 食生活…3食バランスよくとることで健全な発育，発達が促され脳や体が十分に働く。
- 休養…疲労回復，抵抗力向上に。

☾ 主な生活習慣病には， 高血圧 ・ 動脈硬化 ・ がん ・ 糖尿病 ・ 心臓病 ・ 脳卒中 があります。

【生活習慣病の原因】

	運動不足	喫煙・過度の飲酒
脂肪・塩分のとりすぎ	睡眠不足	ストレス

💤 寝る前にもう一度

- ☆ うんと食休みして眠る
- ☾ こうどうがとしのせい

22. 飲酒・喫煙／薬物乱用の防止

★ 今夜おぼえること

★★ たばこの煙…ニコチン, タール, 一酸化炭素

たばこの先から出る煙を吸った人にも害を及ぼすんだよ。

🌙 ゴロ合わせ　ある や 依存症!
（アルコール）（薬物）

麻薬（MDMAなど）
覚醒剤
大麻

★今夜のおさらい

✦ たばこには、血流を悪くし、依存性のある ニコチン , 酸素の運搬能力を低下させ、血管をきずつける 一酸化炭素 , 発がん物質を多く含む タール などの有害物質が含まれています。

☾ 大量の飲酒は、 肝臓 に負担がかかったり, アルコール 依存症になったりするおそれがあります。 覚醒剤 や 大麻 , 麻薬などの 薬物 乱用は、法律でも禁じられています。薬物依存により人格が破壊され、ときには命の危険性もあります。

● 薬物依存の形成

1回くらいなら…… → つかの間の満足 → 不安, 疲労感, いらいら → 欲しくてたまらない → 量が増える →（繰り返し）

💤 寝る前にもう一度
- ✦ たばこの煙…ニコチン, タール, 一酸化炭素
- ☾ あるや依存症！

23. 感染症・性感染症の予防

★ 今夜おぼえること

✿ 感染源, 感染経路, 抵抗力

● 予防対策

〈感染源をなくす〉 〈感染経路を断つ〉 〈抵抗力を高める〉

🌙 ゴロ合わせ エイやクラゲに注意！
　　　　　　　（エイズ）（クラミジア）

性器クラミジア感染症の発生数は, 若い世代が多いんだって。

保体

121

★今夜のおさらい

☆ インフルエンザ，食中毒，結核などの感染症を予防するには，感染源・感染経路・体の抵抗力について対策を立てます。
- 感染源…消毒・滅菌，患者の早期発見・早期治療など。
- 感染経路…手洗い，うがい，マスク，換気など。
- 抵抗力…運動，栄養，休息・睡眠，予防接種など。

🌙 主な性感染症には，HIVウイルスの感染によって起こるエイズや，性器クラミジア感染症，梅毒などがあります。

●HIV感染者の感染経路内訳（2010年報告）

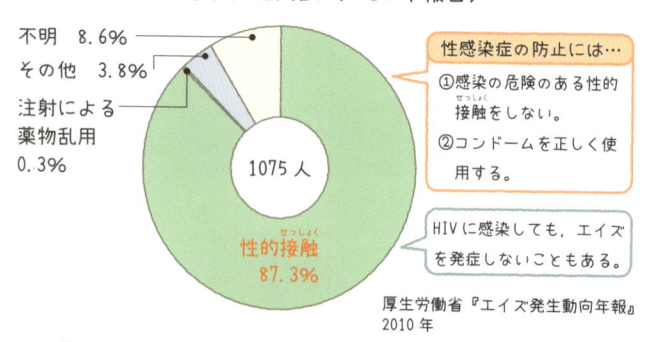

不明 8.6%
その他 3.8%
注射による薬物乱用 0.3%
1075人
性的接触 87.3%

性感染症の防止には…
①感染の危険のある性的接触をしない。
②コンドームを正しく使用する。

HIVに感染しても，エイズを発症しないこともある。

厚生労働省『エイズ発生動向年報』2010年

💤 寝る前にもう一度
- ☆ 感染源，感染経路，抵抗力
- 🌙 エイやクラゲに注意！

1. 技術：材料選び

★ 今夜おぼえること

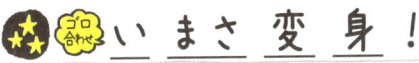

★★ **ゴロ合わせ** い ま さ 変 身！
　　　　　　　（板目）（まさ目）（辺材）（心材）
　　　　　　集 合 パーティー。
　　　　　　（集成材）（合板）（パーティクルボード）

まさ目材は木目がまっすぐ。そのほか、集成材・合板・パーティクルボードなどの木質材料が作られているよ。

🌙 スギとヒノキは針葉樹（しんようじゅ）、カツラは広葉樹（こうようじゅ）。

針葉樹材は建築材などに使われている。広葉樹材は家具材などに使われているよ。

技家

★今夜のおさらい

☆ 木材は切り出し方によって 板目材(板目板) と まさ目材(まさ目板) ができます。板目材は乾燥などで変形しやすいですが、まさ目材は木目が平行で、変形しにくいです。

　木質材料には、節などを取り除いて繊維方向を合わせて接着した 集成材 や、薄い板をはり合わせた 合板、木材の小片を固めた パーティクルボード などがあります。

板目材　まさ目材
木表　こぐち
木裏　こば

☽ スギ、ヒノキは 針葉樹 材で、軽くやわらかいのが特徴です。輸入材の アガチス も使われます。広葉樹 材には、カツラ、シラカシなどがあります。木の種類によって密度がちがい、密度が大きい(重い)ほど加工しにくくなっています。針葉樹材は比較的軽く建築材などに使われ、広葉樹材は比較的重く家具材などに使われます。

・・💤 寝る前にもう一度・・・
☆ <u>い</u>ま<u>さ 変身</u>! <u>集合</u> <u>パーティー</u>。
☽ スギとヒノキは針葉樹、カツラは広葉樹。

2. 技術：金属，プラスチック

☐ 月　日
☐ 月　日

★今夜おぼえること

😊 金属は延・展・弾・塑。

金属には，延性・展性・弾性・塑性という性質が
あるよ。

ひっぱると… のびる！
たたくと… 広がる！

小さな力 → 元の形に戻る！
大きな力 → 元の形に戻らない！

技家

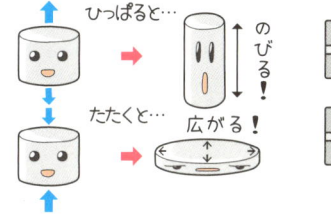

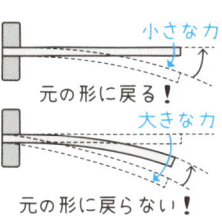

🌙 プラスチックは，
熱可塑性と熱硬化性。

熱可塑性プラスチック　　　熱硬化性プラスチック

冷やす　固まる　　　　　　加熱　固まる

[チョコレートタイプ]　　　　[クッキータイプ]

…熱を加えるとまたやわらかくなる。　…一度固めると熱を加えても
　　　　　　　　　　　　　　　　　　やわらかくならない。

★今夜のおさらい

🌟 金属には、ひっぱると延びる 延性、たたくと広がる 展性 などの性質があります。また、小さな力で曲げるとはね返って元の形に戻る 弾性、大きな力だと曲がったままになって元の形に戻らない 塑性 などの性質もあります。

🌙 熱可塑性 プラスチックは熱を加えるとやわらかくなり、冷やすと固まるので加工しやすいです。ポリエチレン (PE)、ポリプロピレン (PP)、ポリスチレン (PS)、ポリ塩化ビニル (PVC)、アクリル (PMMA) 樹脂、ペット (PET) 樹脂 などがあります。

また、熱硬化性 プラスチックは一度固まると熱を加えてもやわらかくなりません。熱に強いフェノール樹脂 (PF) などがあります。

💤 寝る前にもう一度

- 🌟 金属は延・展・弾・塑。
- 🌙 プラスチックは、熱可塑性と熱硬化性。

3. 技術：じょうぶな構造

★今夜おぼえること

☆三角形構造は強い。

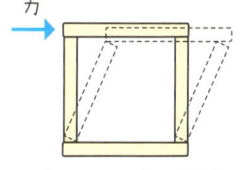

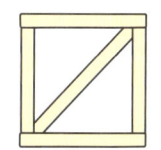

変形しやすい構造　　斜め材(筋かい)などの三角形構造は強い！

☽ ゴロ合わせ 断面は山に向かってイヤッホー，補強はテントで。
（山形）　　　　（I形）
（H形）　　　　（T字金具）

イヤッホー
(I形) (H形)

★ 今夜のおさらい

🌠 **四角形の構造は強度が弱く変形しやすいので，** 三角形 **構造などにしてじょうぶな構造にします。**

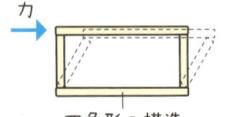

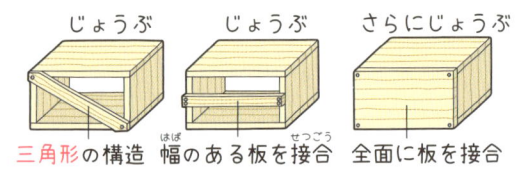

四角形の構造

じょうぶ — 三角形の構造
じょうぶ — 幅のある板を接合
さらにじょうぶ — 全面に板を接合

🌙 **部品を強くするには，強い材料を使ったり，材料の太さを変えたり，断面の形を工夫したりします。さらに，** 補強金具 **を使えば，じょうぶな構造になります。**

▼断面の形を工夫してじょうぶにする棒材
山形　Ｉ形　Ｈ形

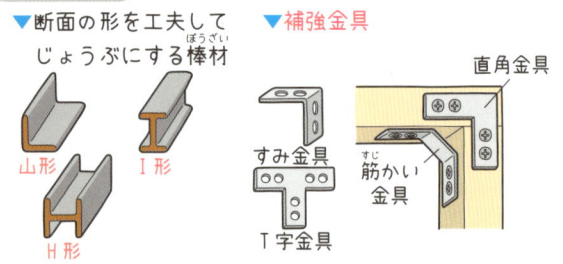

▼補強金具
すみ金具　Ｔ字金具　筋かい金具　直角金具

😴 **寝る前にもう一度**

🌠 三角形構造は強い。
🌙 断面は山に向かってイヤッホー，補強はテントで。

4. 技術：構想図（製作図）

★今夜おぼえること

🌟キャビネット，水平かいて45°，等角図は30°。

▼キャビネット図 — 水平線と45°の線

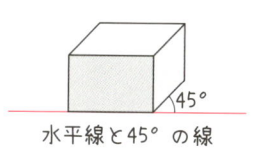

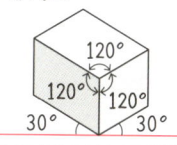

▼等角図 — 水平線に対して30°の線（120°, 120°, 120°／30°, 30°）

🌙平成(<u>平</u>・<u>正</u>)，右に側面図。
（平面図）（正面図）

第三角法による正投影図…立体を3つの方向から見た図。

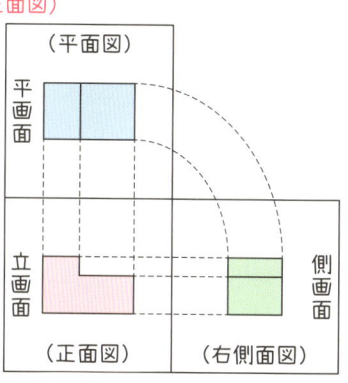

	(平面図)	
平面図		
立面図	(正面図)	側面図 (右側面図)

技家

★ 今夜のおさらい

🌟 **キャビネット図**では、立体の正面が正確に表せます。奥行きの辺は水平線から 45° で、長さは実物の $\frac{1}{2}$ の割合でかきます。

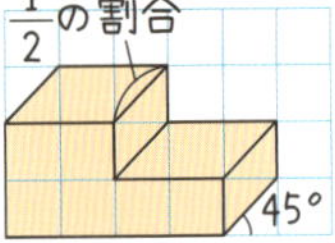

等角図では辺の長さの比は実物と同じ割合にします。水平線と 30° の角度でかきます。

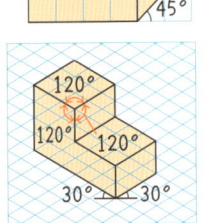

🌙 **第三角法による正投影図**は、立体を3つの方向から見た図です。キャビネット図や等角図では表しにくい部品の正確な形や接合方法なども表すことができます。 正面図 の上に 平面図 をかき、正面図の右側に 側面図 をかきます。

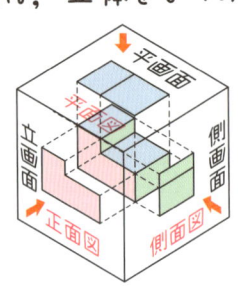

💤 寝る前にもう一度

- 🌟 キャビネット、水平かいて45°、等角図は30°。
- 🌙 平成（平・正）、右に側面図。

5. 技術：材料の準備とけがき

★今夜おぼえること

☆☆けがきの余裕は4mm。

- 材料①の材料取り寸法
- 材料①の仕上がり寸法
- 材料②
- 材料①
- 基準面
- 切断線（材料取り寸法線）
- 4mm離す。仕上がり寸法線

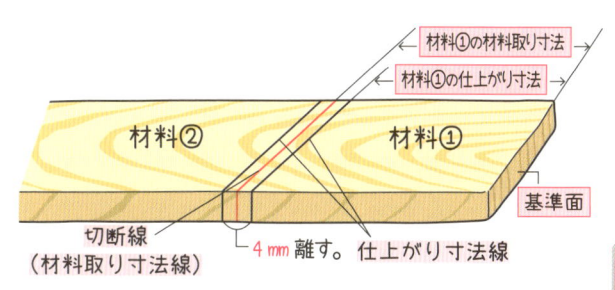

☽金属の穴あけは、穴の中心にセンタポンチ。

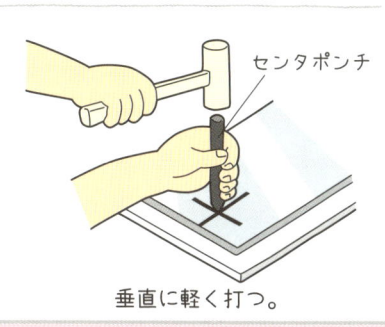

センタポンチの先を、穴の中心に当てハンマでたたくよ。

センタポンチ

垂直に軽く打つ。

★ 今夜のおさらい

☆ 材料に線や印を入れることを けがき といいます。けがき線には，実際に切る線＝切断線（材料取り寸法線）と，でき上がりの線＝仕上がり寸法線があります。木材を切断するときの材料取り寸法線は，仕上がり寸法線から 2mm のところにけがきます。材料と材料の間の余裕（切りしろとけずりしろ）は 2mm＋2mm で 4mm 程度（3〜5mm）とします。

木材のけがきは，さしがねと鉛筆を使うよ。

☽ 金属のけがきは，けがき針 でけがきます。穴をあけるときは，穴の中心に十字のしるしをつけ，センタポンチ を打ちます。

プラスチックのけがきは，木材や金属のけがきの用具を使ってけがきます。

💤 寝る前にもう一度

- ☆ けがきの余裕は 4mm。
- ☽ 金属の穴あけは，穴の中心にセンタポンチ。

6. 技術：材料の加工

★ 今夜おぼえること

☆☆ のこぎりの縦びきはのみの刃，横びきは小刀が並んだ刃。

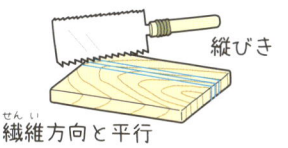

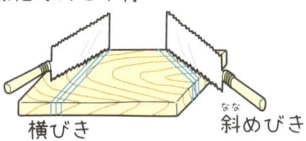

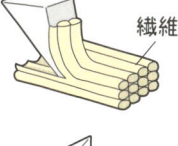

縦びき
繊維方向と平行

横びき　　斜めびき
繊維方向と直角や斜め

繊維

のみのような形の刃が繊維の間に食い込んで切っていく。

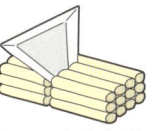

小刀のような形の刃が木材の繊維を直角や斜め方向に切っていく。

技家

☽ かんな身をたたいて出して，台がしらで抜く。

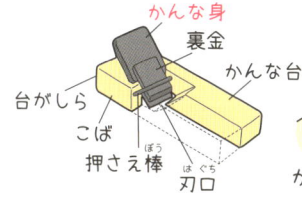

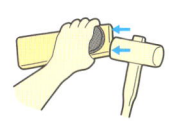

かんな身
裏金
かんな台
台がしら
こば
押さえ棒
刃口

かんな身の出し方　　かんな身の抜き方

★ 今夜のおさらい

😊 両刃(りょうば)のこぎりには、縦びきと横びきの刃があります。繊維方向と平行に切断するときは、 縦びき用 の刃を使います。刃は のみ のような形で、繊維にそって材料をけずります。

繊維に対して直角(ちょっかく)や斜めに切断するときは、 小刀 が並んだような形の 横びき用の刃 で、繊維を切断します。

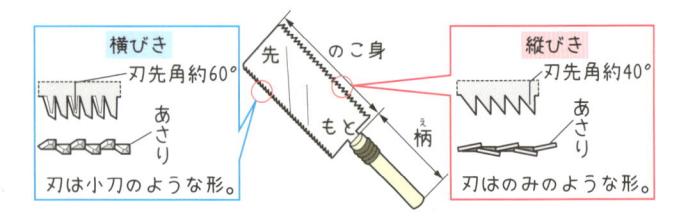

横びき
刃先角約60°
あさり
刃は小刀のような形。

先 / のこ身 / もと / 柄(え)

縦びき
刃先角約40°
あさり
刃はのみのような形。

🌙 かんなの刃は、刃先を見ながら刃先の出が $0.05～0.1(0.2)$mm になるように、 かんな身 をたたいて出します。引っ込(こ)めるときは 台がしら をたたきます。

💤 寝る前にもう一度

- 😊 のこぎりの縦びきはのみの刃、横びきは小刀が並んだ刃。
- 🌙 かんな身をたたいて出して、台がしらで抜く。

7. 技術：穴あけ，折り曲げ

★ 今夜おぼえること

☆☆ ゴロ合わせ ボールは，クラスで
(卓上ボール盤) (クランプで固定) (スイッチON)

見送りさ。
(送りハンドル) (下げる)

◐ 金属板の折り曲げは，

外から中へ。

外 → 中の順に，①，②，③とたたくよ。

打ち木を短くにぎる

★ 今夜のおさらい

🌟 卓上ボール盤で穴をあけるときは，
① テーブルを固定。
② 穴あけの深さを調整します。
③ 材料を クランプ （万力）で固定。
④ スイッチを入れます。
⑤ 送りハンドル でドリルを下げながら穴をあけます。

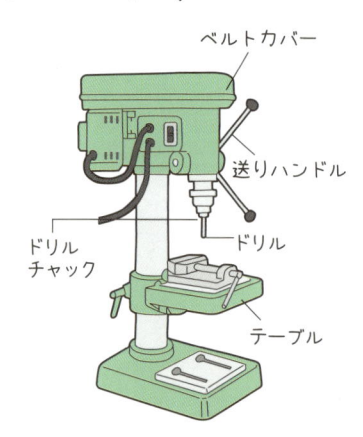

ベルトカバー
送りハンドル
ドリルチャック
ドリル
テーブル

🌙 薄い金属板を折り曲げるときは，折り台のふちにけがき線を合わせ，打ち木を使って， 外から中 の順にたたきます。

打ち木で折り曲げにくい部分は，かげたがねで折り曲げるよ。

💤 寝る前にもう一度

- 🌟 ボールは，クランプで見送りさ。
- 🌙 金属板の折り曲げは，外から中へ。

8. 技術：組み立て

★今夜おぼえること

❁くぎの長さは板の2.5倍。

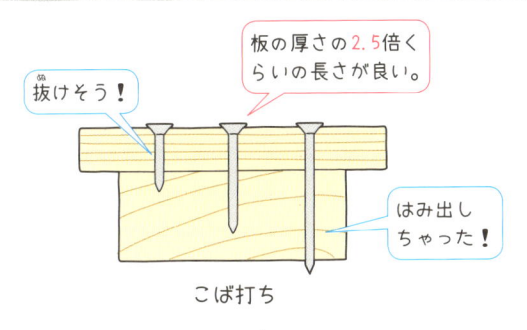

板の厚さの2.5倍くらいの長さが良い。

抜けそう！

はみ出しちゃった！

こば打ち

🌙 ゴロ合わせ 木材はエビゴム，木材
（エポキシ系）（酢酸ビニル系）（合成ゴム系）

なければシアノで接着。
（シアノアクリレート系）

接着剤による接合では，材料に合わせて接着剤を使い分けるんだよ。

技家

★今夜のおさらい

☪ くぎの長さは，こば打ち（繊維方向と直角）の場合は板の厚さの 2.5 倍くらいです。こぐち打ち（繊維方向と平行）の場合は，抜けやすいので2.5倍より長く 3 倍程度 にします。

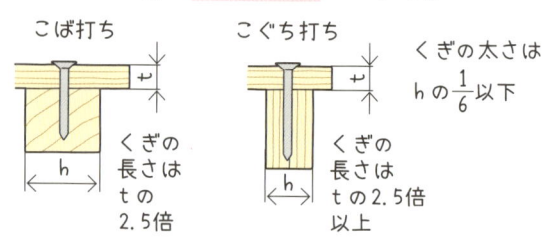

こば打ち　　　こぐち打ち

くぎの長さはtの2.5倍

くぎの長さはtの2.5倍以上

くぎの太さはhの $\frac{1}{6}$ 以下

☽ 材料と接着剤

木材以外の接着は，シアノアクリレート系でできます。

材料	木材との接合	金属との接合	アクリル樹脂との接合
木材	・酢酸ビニル樹脂系エマルション形 ・エポキシ樹脂系 ・合成ゴム系		
金属	・エポキシ樹脂系 ・合成ゴム系	・エポキシ樹脂系	
アクリル樹脂	・酢酸ビニル樹脂系エマルション形 ・合成ゴム系	・シアノアクリレート系（瞬間接着剤）	・エポキシ樹脂系 ・シアノアクリレート系（瞬間接着剤）

💤 寝る前にもう一度

☪ くぎの長さは板の2.5倍。
☽ 木材は エ ビ ゴム ，木材なければ シアノ で接着。

9. 技術：エネルギーの変換と利用

★ 今夜おぼえること

ゴロ合わせ 火曜・水曜，元気な太陽。
（火力発電）（水力発電）　（原子力発電）（太陽光発電）

☾ 電気→熱は**発熱体**，

電気→動力は**モータ**。

電気→熱

電気→動力

★今夜のおさらい

🌟 **発電方式には下の表のようなものがあります。**

(▶は問題点)

発電方式	発電法と問題点
火力	・石炭，石油，天然ガスなどの化石燃料を使用。 ▶ CO_2 など温室効果ガスが発生。
水力	・ダムなどの水を利用。 ▶ 新たな水源の確保が困難。
原子力	・ウランなどの核燃料を使用。 ▶ 安全性に特別な配慮（はいりょ）が必要。
太陽光・風力	・太陽光や風を利用。 ▶ 天候に左右されやすく，1基あたりの発電量が他と比べて少ない。

🌙 電気エネルギーを熱に変換（へんかん）するには，発熱体 が必要です。発熱体の代表的なものにニクロム線があります。ニクロム線に流れる電流が大きいほど，発生する熱量は大きくなります。

電気エネルギーから動力への変換は，モータ が代表的です。モータは，扇風機（せんぷうき），電気洗濯機（せんたくき），電気自動車，カメラ，電気冷蔵庫（れいぞうこ）などいろいろなものに使われています。

・・・💤 寝る前にもう一度・・・
- 🌟 火曜・水曜，元気な太陽。
- 🌙 電気 → 熱は発熱体，電気 → 動力はモータ。

10. 技術：動きを伝達するしくみ

★今夜おぼえること

☆**動力伝達⇒チェーン，歯車，プーリ・ベルト。**

○かみ合いで回転運動を伝えるしくみ　　○摩擦で回転運動を伝えるしくみ

▲チェーン　▲平歯車　▲かさ歯車　▲プーリ・ベルト

🌙**てこは揺動，クランクは回転。**

リンク装置は回転運動を揺動運動や往復運動に変えることができるよ。

★ 今夜のおさらい

🌟 かみ合いで回転運動を伝えるしくみに、自転車で使われている チェーン があります。また、2軸が近いときに使う 歯車 があります。

　摩擦で、回転運動を伝えるしくみには プーリ と ベルト を使ったものがあります。

🌙 てこ は揺動運動、 クランク は回転運動なので、リンク装置名（機構名）で運動がわかります。

両てこ機構

てことてこだから、揺動→揺動

てこクランク機構

てことクランクだから、回転⇔揺動

平行クランク機構

クランク同士だから、回転→回転

💤 寝る前にもう一度

🌟 動力伝達 → チェーン、歯車、プーリ・ベルト。
🌙 てこは揺動、クランクは回転。

11. 技術：保守点検

★今夜おぼえること

☆定格電流・定格電圧，電気機器の限度を守れ。

定格値15A, 125Vのテーブルタップにつなぐ場合

1000W ÷ 100V ≒ 10A　　25W ÷ 100V ≒ 0.25A

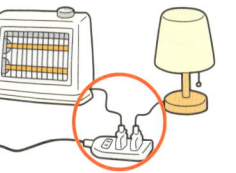

10 + 0.25 ≒ 10.25A

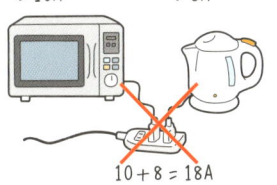

1000W ÷ 100V ≒ 10A　　800W ÷ 100V ≒ 8A

10 + 8 ≒ 18A

☽ ゴロ合わせ 自転車点検，ブラブラサタデー。
(ブレーキ)(ライト)(サドル)(タイヤ)

チェーンのたるみもチェックしよう。

★ 今夜のおさらい

電気機器の定格

- 定格電流 … 流してもよい電流。〈例〉15A
- 定格電圧 … 加えてもよい電圧。〈例〉100V
- 定格消費電力 … 〈例〉1000W

  電力(W) = 電圧(V) × 電流(A)

- 屋内配線が危険になると、分電盤のブレーカ（配線用しゃ断器・ろう電しゃ断器）が自動的に回路をしゃ断します。

自転車の保守点検

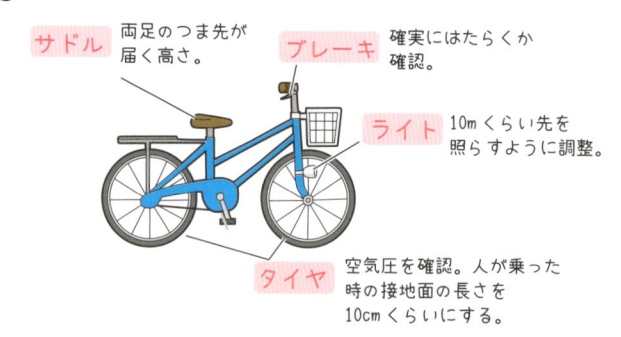

- サドル：両足のつま先が届く高さ。
- ブレーキ：確実にはたらくか確認。
- ライト：10m くらい先を照らすように調整。
- タイヤ：空気圧を確認。人が乗った時の接地面の長さを10cm くらいにする。

💤 寝る前にもう一度

- 定格電流・定格電圧、電気機器の限度を守れ。
- 自転車点検、ブ ラブラサ タデー。

12. 技術：生物を育てる

★ 今夜おぼえること

✪ 植物を育てる→光・温度・土，育苗(いくびょう)・定植。

☾ 飼育では動物の習性や水産生物の特性を考慮(こうりょ)。

家畜の飼育では，給餌(きゅうじ)，環境・衛生，繁殖(はんしょく)の管理が重要だよ。

★今夜のおさらい

🌟 植物を育てるには，環境や植物自体を管理します。

環境の管理
- 光…日射量・日長など。
- 温度…作物の種類に応じた気温。
- 土…水分・養分。通気性，排水性，保水・保肥性。
- その他…雑草・昆虫など。

植物自体の管理
- たねまき（さし芽，株分け）
- ↓
- 育苗
- ↓
- 植えつけ（定植）
- ↓
- 水やり
- ↓
- 摘芽・摘しん
- ↓
- 除草・病害虫の防除など

🌙 動物の飼育ではえさの与え方や繁殖の管理，水産生物では，卵をふ化させる温度などを考えます。

習性1 活動時間が異なる

習性2 えさの好みが違う

気象的要因 適する気象が異なる

物理的要因 音やガスなど

生物的要因 有益な生物や害になる生物がある

💤 寝る前にもう一度

- 🌟 植物を育てる→光・温度・土，育苗・定植。
- 🌙 飼育では動物の習性や水産生物の特性を考慮。

13. 技術：栽培の基本

★ 今夜おぼえること

☆☆ ゴロ合わせ 大切な肥料 → 知 人から
(窒素：N) (リン：P)

借り まくり, 苦しウム。
(カリウム：K) (マグネシウム：Mg) (カルシウム：Ca)

肥料の三要素…
窒素(N)
リン(P)
（リン酸）
カリウム(K)

🌙 団粒構造の土は，水もち・水はけがよい。

- 水分を保つ（水もちがよい）。
- 余分な水が流れる（水はけがよい）。
- 土の粒子の表面に養分を保つ。

通気性もいいよ。

★ 今夜のおさらい

🌟 植物の栽培では、生育に必要な養分を補うために肥料を与えます。肥料のうち、窒素(N)・リン(P)・カリウム(K)は生育への影響が大きく、不足しがちなので大切な肥料です。これを肥料の三要素といいます。そのほか、カルシウム(Ca)・マグネシウム(Mg)などの無機質肥料や、たい肥・油かす・けいふんなどの有機質肥料も使われます。

🌙 団粒構造の土は、水もちや水はけがよく、通気性もあって植物の生育に適します。

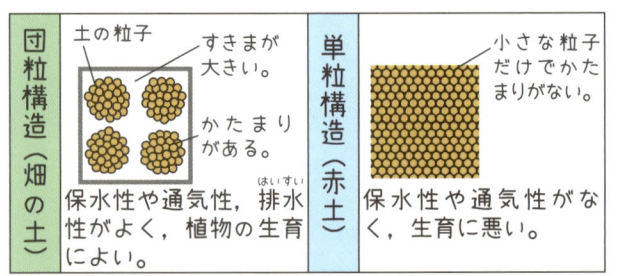

団粒構造（畑の土）	単粒構造（赤土）
土の粒子／すきまが大きい。／かたまりがある。	小さな粒子だけでかたまりがない。
保水性や通気性、排水性がよく、植物の生育によい。	保水性や通気性がなく、生育に悪い。

💤 寝る前にもう一度

🌟 大切な肥料 → 知 人から借り まくり、苦しウム。
🌙 団粒構造の土は、水もち・水はけがよい。

14. 技術：野菜と草花の栽培

★ 今夜おぼえること

☆トマト栽培，連作さけて摘芽・摘しん。

摘芽…余分なえき芽を取ること。

えき芽はわき芽ともいうよ。茎と葉の間に出る芽のことだよ。

☾イネの葉数3, 4枚で田植え，水を管理する。

○苗の葉数が3, 4枚のころ，2, 3本ずつまとめて田植え。
○茎の数が20本ほどになったら水を抜いて中干しをし，2～5日ほどでまた水を入れる。

★ 今夜のおさらい

🌟 トマトの栽培では，同じ土に毎年植えると，病害虫が発生しやすくなるため，連作をさけます。

また，生育のための栄養分のむだをなくすため，余分なえき芽を取る 摘芽 を行います。高さが高くなったら，実を大きく充実させるため， 摘しん （先端の芽を取ること）をします。

🌙 イネの栽培では，まず育苗箱で苗を育てます。苗の葉数が3，4枚のとき，植えつけをします。これが 田植え です。水の管理も大切です。水をきらさないようにして，追肥もします。7月ごろには2〜5日ほど水を抜いて中干しをし，根に新鮮な空気を与えます。

中干しすると，土の中の有毒ガスを抜くことができるんだよ。

💤 寝る前にもう一度

🌟 トマト栽培，連作さけて摘芽・摘しん。
🌙 イネの葉数3，4枚で田植え，水を管理する。

150

15. 技術：コンピュータ

★今夜おぼえること

☆☆5つの機能は、入力・出力・演算・記憶・制御。

- 出力機能
- 記憶機能
- 演算機能
- 入力機能
- 制御機能

🌙 ゴロ合わせ ビット(bit)の8倍でバイト(B)、けたが上がればカメが飛ぶ。
(KB)(MB)(GB)　(TB)

1バイト(B) = 8ビット(bit)

1024倍ごとに、
KB → MB → GB → TB
キロバイト　メガバイト　ギガバイト　テラバイト

技家

★今夜のおさらい

😺 コンピュータの5つの機能
- 入力 機能…コンピュータが情報を受け取る。キーボードなど。
- 出力 機能…結果を伝える。ディスプレイなど。
- 演算 機能…情報を処理。CPU(中央処理装置)
- 記憶 機能…命令や処理結果を記憶。
- 制御 機能…全体をコントロール。CPUがOS(基本ソフトウェア)のもとで管理。

🌙 1と0のどちらかを表す情報の単位を ビット(bit) といいます。8ビットを1まとまりとして 1 バイト(B) といい、1バイトで半角文字1文字が表せ、2バイトで全角文字1文字が表せます。

1KB = 1024B
1MB = 1024KB ← 1024倍
1GB = 1024MB ← 1024倍
1TB = 1024GB ← 1024倍

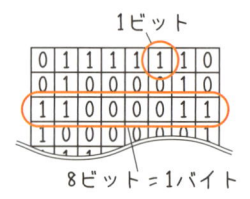

8ビット=1バイト

💤寝る前にもう一度
- 😺 5つの機能は、入力・出力・演算・記憶・制御。
- 🌙 ビットの8倍でバイト、けたが上がれば カ メ が 飛ぶ。

16. 技術：ネットワーク

★ 今夜おぼえること

✦ LAN がつながる WAN，インターネットは世界的 WAN。

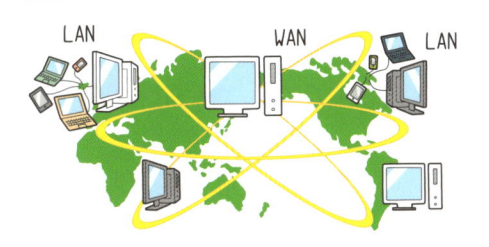

LAN　　　WAN　　　LAN

☾ Web ページは URL，メールは電子メールアドレス。
(Uniform Resource Locator)

（メルアドまたはメアド）

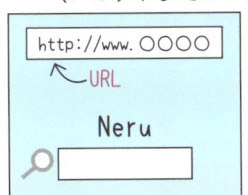

http://www.○○○○
↑ URL

Neru

To:○△@□×.ed.jp ← 電子メールアドレス
件名：
本文：
おやすみなさい。

自分のアドレスがあれば見てみよう。

★ 今夜のおさらい

🌟 コンピュータどうしを接続し，情報をやりとりできるようにしたしくみをコンピュータネットワークといいます。身近なものでは学校内などの比較的狭い範囲でのネットワークがあります。これが LAN（ローカルエリアネットワーク）です。

LAN どうしがつながった広い範囲のネットワークを WAN（ワイドエリアネットワーク）といい，ネットワークが世界的になったものが**インターネット**です。

🌙 接続先やあて先を特定するしくみ

URL …Web ページの住所に相当します。
〈例〉http://www.gika.ed.jp/index.html
       (サーバ名　組織名　組織　国)(webページのファイル名)
            (ドメイン名)

電子メールアドレス …電子メールのあて先（住所・氏名に相当）です。

💤 寝る前にもう一度
- 🌟 LAN がつながる WAN，インターネットは世界的 WAN。
- 🌙 Web ページは URL，メールは電子メールアドレス。

17. 家庭：食生活と栄養素

★ 今夜おぼえること

☆体に必要，炭水，脂，たん，
（炭水化物）（脂質）（たんぱく質）
無機，ビタミン。
（無機質）

炭水化物
たんぱく質
脂質
無機質
ビタミン

☾ 炭水化物はエネルギーに，
たんぱく質は体の組織に。

脂質は両方のはたらきをするよ。

炭水化物，脂質はエネルギーになる。

たんぱく質，無機質，脂質は体の組織をつくる。

★ 今夜のおさらい

🌟 食品に含まれる成分を栄養素といい、はたらきや性質から、炭水化物、脂質、たんぱく質、無機質、ビタミンの5種類に分けられます。
　これを、五大栄養素といいます。

🌙 炭水化物、脂質、(たんぱく質)は、活動し、体温を保つためのエネルギーになります。
　また、たんぱく質、無機質、(脂質)は、おもに骨や筋肉などの体の組織をつくるはたらきをします。
　無機質とビタミンは、おもに体の調子を整えるはたらきをします。
　そのほか、栄養素には含まれませんが、生きていくために不可欠な水は、体内で栄養分の運搬、老廃物の運搬・排出、体温調節などの重要なはたらきをしています。

💤 寝る前にもう一度
- 🌟 体に必要、炭水、脂、たん、無機、ビタミン。
- 🌙 炭水化物はエネルギーに、たんぱく質は体の組織に。

18. 家庭：食品に含まれる栄養素

★今夜おぼえること

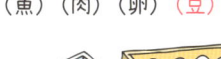

☆ゴロ合わせ 1・2群…う に た ま, 入荷。
- う（魚）
- に（肉）
- た（卵）
- ま（豆）
- 入（乳製品）
- 荷（海そう）

🌙ゴロ合わせ 3・4群…濃淡 やさい。
- 濃（色の濃い緑黄色野菜）
- 淡（その他の野菜・果物）

✨ゴロ合わせ 5・6群…コク あるいも, 油であげよう。
- コク（穀類）
- いも（いも類）
- 油（油脂）

★ 今夜のおさらい

⭐ 1・2群はおもに体の組織をつくります。

　魚・肉・卵・豆・豆製品などのたんぱく質を多く含むのが1群で、牛乳・乳製品・海そう・小魚など、無機質（カルシウム）を多く含むのが2群です。

🌙 3・4群はおもに体の調子を整えます。どちらも植物性で、3群はにんじん、ほうれんそうなどの色が濃い野菜（緑黄色野菜）で、ビタミンA（カロテン）を多く含みます。

　4群はそのほかの野菜や果物でビタミンCを多く含みます。

✨ 5群・6群はおもにエネルギーになります。

　5群は炭水化物で、穀類（米飯・小麦粉）、いも類、砂糖などです。6群は脂質で、油脂（バター・マヨネーズ）などがあります。

💤 寝る前にもう一度
- ⭐ 1・2群…うにたま、入荷。
- 🌙 3・4群…濃淡 やさい。
- ✨ 5・6群…コクあるいも、油であげよう。

19. 家庭：食品の選び方

★ 今夜おぼえること

★ **生鮮食品は旬がお得。**

旬（出盛り期）は味がよく、栄養があって安いよ。

サンマ ¥100

🌙 **原材料・内容量・消費期限・賞味期限をチェック。**

そのほか、保存方法、製造・販売業者もチェックしよう。

豚ロース 切身300g ○○○円 消費期限○○○○

★今夜のおさらい

🌟 生鮮(せいせん)食品には、生産量が多い時期（旬(しゅん)）があります。野菜や果物、鮮魚などは、旬には味がよく、栄養価が高く、価格も安くなります。

🌙 加工食品では、原材料 ・ 内容量 ・ 消費期限 ・ 賞味期限 をしっかりチェックしましょう。保存方法も、冷蔵なのか常温なのかは重要です。

名称	即席カップめん
原材料名	めん（小麦粉、食塩、やまいも粉、植物油脂、でん粉）、スープ（しょう油、糖類、食塩）、調味料（アミノ酸等）、酒精、炭酸カルシウム、増粘剤（アラビアガム）、カラメル色素、リン酸塩（Na）、ビタミンB_1、ビタミンB_2、香料
内容量	110g（めん80g）
賞味期限	右下部に表示
保存方法	においが強いもののそばや直射日光をさけ、常温で保存して下さい
製造者	株式会社○○研究社 〒000-0000　東京都品川区○○1-2-3

栄養成分表 1食（110g）あたり	
エネルギー	335kcal
たん白質	12.0g
脂質	2.1g
炭水化物	67.5g
ナトリウム	2.3g
ビタミンB_1	0.37mg
ビタミンB_2	0.32mg
カルシウム	145mg

▲表示の例

・消費期限…安全が保証されている期限。早く傷みやすいものにつけられる。

・賞味期限…おいしさが保証されている期限。比較的(ひかくてき)長く保存ができるものにつけられる。

💤 寝る前にもう一度

🌟 生鮮食品は旬がお得。
🌙 原材料・内容量・消費期限・賞味期限をチェック。

20. 家庭：調理

★ 今夜おぼえること

🌟 準備する重量（g）

$$= \frac{可食部分（g）}{100-廃棄率} \times 100$$

廃棄率…食品全体の重量に対する食べられない部分の割合（％）。

エビのからなどは食べられないね。

🌙 肉は初め強火，魚は煮付けか塩焼き，野菜は生かゆでて。

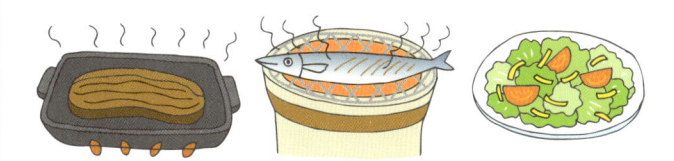

★ 今夜のおさらい

☆ 準備する重量は 廃棄率 を考えます。

$$準備する重量(g) = \frac{可食部分(g)}{100 - 廃棄率} \times 100$$

例 廃棄率10%のなすで、可食部分を200g残す場合は、
200÷(100-10)×100≒222.2…より、なすを約220g
用意します。

＊廃棄率は食品の成分表で食品別に示されています。

🌙 肉は加熱すると縮んでかたくなります。初め 強火 で焼いて表面を固め、うまみを閉じ込めて調理します。

赤身魚は脂質が多く味は濃厚ですが、白身魚は脂質が少なく、味は淡白です。塩をふると余分な水分とくさみが取れます。魚は煮付けや 塩焼き が合います。

野菜は 生 のままサラダなどで食べると、ビタミンCの損失が少なくてすみます。ゆでるとあくが抜けます。

・・・💤 寝る前にもう一度・・・
☆ 準備する重量(g) = 可食部分(g) / (100 - 廃棄率) × 100
🌙 肉は初め強火、魚は煮付けか塩焼き、野菜は生かゆでて。

21. 家庭：食文化

★ 今夜おぼえること

✪ おせち料理などの行事食，郷土料理は食文化。

行事食
- おせち料理（正月）
- ちらしずし（ひなまつり）

郷土料理
- きりたんぽ（秋田県）
- ゴーヤちゃんぷるー（沖縄県）

🌙 地産地消は環境にやさしい。

フード・マイレージ　輸送量(t)×輸送距離(km)
食料輸送による環境への負荷のこと。地産地消であればフード・マイレージは小さくなるよ。

★ 今夜のおさらい

✨ 行事食 とは，人生の節目や，毎年の行事のときに食べられる特別な食事のことをいいます。正月のおせち料理，ひなまつりのちらしずしなどがあげられます。また，各地域特産の食材や調理法でつくられる料理を 郷土料理 といいます。きりたんぽ（秋田県），深川丼（東京都），ゴーヤちゃんぷるー（沖縄県）などは郷土料理です。

このように，人びとの間で共通に受け継がれてきた食物や食べ方を 食文化 といいます。

各地の雑煮も地域の特色があるものが多くなっています。

🌙 地域で作られた食材を地域で食べることを 地産地消 といいます。これにより，食料を遠くから輸送しなくてもよくなり，エネルギーの消費も少なくなります。つまりフード・マイレージが小さくなり，環境にもやさしいことになります。

💤 寝る前にもう一度

- ✨ おせち料理などの行事食，郷土料理は食文化。
- 🌙 地産地消は環境にやさしい。

22. 家庭：日常着の活用

★今夜おぼえること

☆**T.P.O.に合ったものを自分らしくコーディネート。**

T.P.O.とは,
T…Time（時）
P…Place（場所）
O…Occasion（場合）
のことだよ。

☾**取り扱い表示で，×はできない表示。**

★今夜のおさらい

✿衣服は，衛生的で安全に生活するために役立ちます。たとえば，暑さや寒さを防ぎ，皮ふを清潔に保ちます。活動しやすくしてけがを防ぎます。また，職業などを表すはたらきもします。警察官や消防士など，制服によって見分けがつきやすいと社会生活を円滑にすることができます。さらに，個性を表現するときにはT.P.O.に合ったものを，バランスよくコーディネートします。

●取り扱い表示の例

40℃以下の液温で洗濯機の弱水流	40℃以下の液温で手洗いできる	家庭での洗濯禁止	漂白剤の使用禁止
日陰のつり干しがよい	タンブル乾燥（乾燥機）禁止	アイロンは150℃以下（中温）	石油系溶剤によるドライクリーニングができる

線（一）は増えると作用が弱いことを表す
点（・）は増えると温度が高いことを表す

💤寝る前にもう一度

- ✿T.P.O.に合ったものを自分らしくコーディネート。
- ●取り扱い表示で，×はできない表示。

23. 家庭：日常着の手入れ

★今夜おぼえること

☪ **動物繊維は中性洗剤**，そのほかは**弱アルカリ性洗剤**。

🌙 ゴロ合わせ 天使の洗濯，水にすすぎ出そう。
(点検)(仕分け)(洗い) (すすぎ) (脱水)(乾燥)

技家

★今夜のおさらい

✿ 毛や絹などの<u>動物繊維</u>は、アルカリに弱いので、<u>中性洗剤</u>を使います。綿などの植物繊維や合成繊維は、汚れをよく落とす<u>弱アルカリ性洗剤</u>を使います。

繊維の種類			特徴	適する洗剤
天然繊維	植物繊維	綿	水をよく吸う。じょうぶ。	弱アルカリ性
	動物繊維	毛	しわになりにくい。虫の害を受けやすい。	中性
		絹	光沢がある。虫の害を受けやすい。	中性
化学繊維	合成繊維	ポリエステル	縮まない。乾きがはやい。しわになりにくい。じょうぶ。	弱アルカリ性
		ナイロン		弱アルカリ性
		アクリル		弱アルカリ性

☾ 洗濯の手順

①点検・補修→②仕分け（つけおき、部分洗いなど）→③<u>洗い</u>（洗剤の選択、水量の確認）→④<u>すすぎ</u>→⑤脱水→⑥乾燥→⑦必要ならばアイロンをかける。

💤 寝る前にもう一度
- ✿ 動物繊維は中性洗剤、そのほかは弱アルカリ性洗剤。
- ☾ 天使の洗濯、水にすすぎ出そう。

24. 家庭：住まい

★ 今夜おぼえること

✦住まいの空間→家族共有, 個人, 家事, 生理・衛生など。

家族共有の空間

家事の空間

個人の空間

生理・衛生の空間

☽室内の空気汚染はこまめな換気(かんき)で防ぐ。

ほこりがたまってダニやカビが発生したり, 二酸化炭素などがこもったりするので, こまめに換気しよう。

★今夜のおさらい

✿住空間
① 家族 共有の空間…食事, 団らん, 休養。
② 家事 の空間…調理, 洗濯, 裁縫。
③ 生理・衛生 の空間…入浴, トイレ, 洗面。
④ 個人の空間…仕事, 勉強, 睡眠, 休養。
⑤ そのほかの空間…玄関, 廊下, 収納。

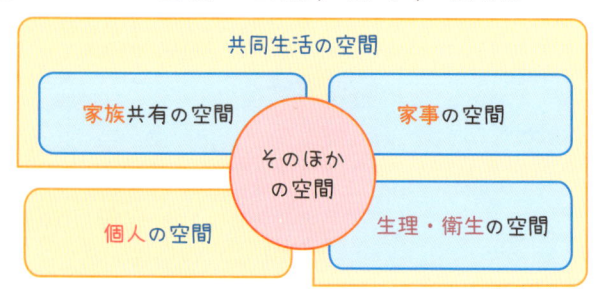

```
           共同生活の空間
 ┌─────────────┐   ┌─────────────┐
 │ 家族共有の空間 │   │  家事の空間   │
 └─────────────┘   └─────────────┘
             ( そのほか )
             (  の空間  )
 ┌─────────────┐   ┌─────────────┐
 │  個人の空間   │   │生理・衛生の空間│
 └─────────────┘   └─────────────┘
```

🌙 室内のカビやダニは, アレルギーやぜん息の原因となります。建材や家具などからの化学物質によるシックハウス症候群などを防ぐのにも 換気 が重要です。

💤寝る前にもう一度
- ✿住まいの空間→家族共有, 個人, 家事, 生理・衛生など。
- 🌙室内の空気汚染はこまめな換気で防ぐ。

25. 家庭：幼児の発達

★ 今夜おぼえること

🌟 **幼児の身長は1.5倍→2倍，体重は3倍→5倍。**
(1歳で) (4歳で)
(1歳で) (4歳で)

約2倍
約1.5倍

生まれたとき　　1歳　　4歳

技家

🌙 **2歳すぎに自我が芽生えて反抗期，3歳でことばが発達。**

2歳ごろ → 3歳ごろ

ありがとう！

★今夜のおさらい

☆幼児の体型は，身長に対して頭が大きく，手足が短いです。また，体温は高く，汗をかきやすく，睡眠時間は長いです。

幼児は成長すると，1歳で身長は生まれたときの約 1.5倍 ，体重は約 3倍 になります。4歳になると，身長は約 2倍 ，体重は約 5倍 になります。

☽幼児は2歳すぎに自我が芽生えて，自己を主張する 反抗期 になります。

1歳ごろ	親がいないことに気づくと泣き，見つけると笑う。
2歳ごろ	自我が芽生えるが，ことばの発達が不十分で，ものの取り合いが起こる。
3歳ごろ	数人で遊び，ことばで気持ちを伝えられるようになる。
4歳ごろ	友だちを思いやったり，合わせた行動ができるようになる。
5歳ごろ	友だちと役割をもって遊べる。年下の子や困っている子の世話をするようになる。

💤寝る前にもう一度

- ☆幼児の身長は1.5倍→2倍，体重は3倍→5倍。
- ☽2歳すぎに自我が芽生えて反抗期，3歳でことばが発達。

26. 家庭：消費生活

★今夜おぼえること

☆**商品は、必要性・品質・価格・保証などを考えて選ぶ。**

🌙**消費者基本法、クーリング・オフ、国民生活センター。**

どれも、消費者を保護するためのものだよ。

★今夜のおさらい

😺 商品は 必要性 などをよく考えて選びます。次のような 悪質商法 には注意しましょう。

悪質な訪問販売	家庭や職場を訪問して、商品を無理矢理契約させる。
キャッチセールス	街頭アンケートなどで呼び止め、喫茶店や営業所などへ連れて行き、断れない雰囲気をつくって商品を購入させる。
アポイントメントセールス	電話などで「抽選に当たった」などといって営業所などへ呼び出し、断れない雰囲気をつくって商品を購入させる。
マルチ商法	「ほかの人を勧誘するともうかる」といって、商品を購入させて会員にし、友人・知人を紹介させる。

🌙 消費者の保護

① 法律… 消費者基本法 、消費者契約法、製造物責任法（PL法）

② クーリング・オフ 制度…訪問販売やキャッチセールスなどが対象。一定期間内に書面で通知すれば、契約を解除することを認める制度。

③ 国民生活センター・消費生活センター …消費者からの相談や、情報提供など。

💤 寝る前にもう一度

😺 商品は、必要性・品質・価格・保証などを考えて選ぶ。
🌙 消費者基本法、クーリング・オフ、国民生活センター。

編集協力：上保匡代，佐藤美穂，鈴木瑞穂，編集工房白鷺

表紙・本文デザイン：山本光徳
本文イラスト：山本光徳，平井きわ，寺坂安里，大管雅晴，吉田朋子，伊藤ハムスター，
　　　　　　　有限会社ケイデザイン，坂木浩子
写真提供：写真そばに記載
DTP：株式会社明昌堂　　データ管理コード：17-1772-4921（CS6）
図版：株式会社明昌堂
日本音楽著作権協会(出)許諾第1504470-808号
※赤フィルターの材質は「PET」です。

◆この本は下記のように環境に配慮して製作しました。
・製版フィルムを使用しないCTP方式で印刷しました。
・環境に配慮して作られた紙を使用しています。

寝る前5分 暗記ブック 中学実技

Ⓒ Gakken Printed in Japan
本書の無断転載，複製，複写(コピー)，翻訳を禁じます。本書を代行業者等の第三者に依頼してスキャンやデジタル化することは，たとえ個人や家庭内の利用であっても，著作権法上，認められておりません。